班主任新经典丛书　最新版

BANZHUREN XINJINGDIAN CONGSHU

班主任
工作的原则与艺术

BANZHUREN
GONGZUO DE YUANZE YU YISHU

　　本套丛书根据班主任工作的实际需求，分门别类地对班主任的专业发展、班级管理、工作方法等方方面面进行了介绍，辅以一线教师的实践案例，为广大教师提供了丰富的参考资源。尤为可贵的是，本丛书注重时代性，研究和解决了一些当前教育情形下的新问题，可谓是班主任教师们新的经典。

BENSHU BIANXIEZU　　　　　　　　　　　　　本书编写组◎编

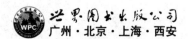

世界图书出版公司
WPC
广州·北京·上海·西安

图书在版编目（CIP）数据

班主任工作的原则与艺术／《班主任工作的原则与艺术》编写组编．—广州：世界图书出版广东有限公司，2010.11（2024.2 重印）

ISBN 978 - 7 - 5100 - 3001 - 7

Ⅰ．①班… Ⅱ．①班… Ⅲ．①班主任－工作 Ⅳ．①G451

中国版本图书馆 CIP 数据核字（2010）第 217533 号

书　　名	班主任工作的原则与艺术
	BAN ZHU REN GONG ZUO DE YUAN ZE YU YI SHU
编　　者	《班主任工作的原则与艺术》编写组
责任编辑	王　红
装帧设计	三棵树设计工作组
出版发行	世界图书出版有限公司　世界图书出版广东有限公司
地　　址	广州市海珠区新港西路大江冲 25 号
邮　　编	510300
电　　话	020-84452179
网　　址	http://www.gdst.com.cn
邮　　箱	wpc_gdst@163.com
经　　销	新华书店
印　　刷	唐山富达印务有限公司
开　　本	787mm × 1092mm　1/16
印　　张	11.75
字　　数	160 千字
版　　次	2010 年 11 月第 1 版　2024 年 2 月第 4 次印刷
国际书号	ISBN　978-7-5100-3001-7
定　　价	59.80 元

序　言

随着教育改革的深入和学校教育活动越来越丰富多样，班主任在学校中所担当的角色也越来越多，新时代对班主任提出了"全能"的要求。顾名思义，"全能的班主任"就是指班主任要成为一个全面发展的人，能够在学生发展的各个方面都能提供帮助。班主任应该是爱的传播者，班主任要成为学生的知心朋友，成为全体学生的领路人，成为学生的心理医生；班主任应该是班级的建设者，要成为班级文化的设计师，成为班级纪律的管理员，成为班级成员的评判者。班主任还应该是自我实现的人，班主任要做一个管理者、教育者、研究者，班主任要在成全全体学生的同时，要实现自己的专业成长和个人价值。

换而言之，要成为一个"全能的班主任"，需要扮演好以下的几个角色：

一、学生的知心朋友和领路人

班主任爱学生，成为学生的知心朋友，是做好各项工作的前提和基础。为此，班主任对学生必须真诚、平等，要经常站在学生的角度，设身处地为他们着想。

"领路人"的角色，意味着班主任的一言一行都会影响到全体学生。班主任一定要保证自己是"朝着正确的方向行走"，这样师生一路结伴而行，才会成为有意义的事情。

二、学生的心理医生

班主任应像心理医生那样和蔼可亲，细致入微地体察学生的内心世界。为此，班主任必须熟悉心理学，学会综合运用心理学和心理咨询的方法，帮助学生分析、解决面临的各种问题及心理障碍，注重培养学生的社会适应能力。

三、班级的建设者和管理者

班级的组织、制度、文化建设，都是至关重要的，尤其是班级文化对学生的教育力和影响力非常巨大。班主任除了注意班级目标、班规班纪、管理机制、竞争机制、教室美化、活动开展这些方面的建设和管理，还要把重点放在积极向上的班风班貌、合作进取的团队精神等的营造上，使每一个班级成员都受到熏染和浸润。

四、评判者和沟通者

班主任在学生心目中却有着较高的威信，这种威信常体现在他的"裁判"角色中。学生之间发生冲突或争执，甚至是对某个问题存在争论，他们都会找到班主任这里来"评理"。班主任要通过评判，引导学生建立起认识问题的正确思维方法和正确的价值体系。另外，班主任也应该是使学校教育、家庭教育、社会教育相一致、相配合的枢纽和桥梁。

五、研究者和自我实现者

如何按照教育规律和儿童身心发展规律，积极有效地教育好学生是一项非常复杂的工作。这就需要班主任在自己的实践中，注重观察，仔细分析研究，努力探索班级管理和教育的规律，不断总结具有学术价值和实践意义的理论与经验。班主任的研究过程，本身就是一个实现自我专业成长的过程，是一个自我价值实现的过程。

现实的情况是，有的班主任能够顺应教育发展趋势，及时改变自己，很好地适应了新背景下的工作要求，而有的班主任却思维僵化，教育教学方法不能与时俱进，或者是虽然有意改变自己，但转变过于缓慢，成为一个落伍者；另外也有一些新入职的班主任，对班主任工作缺乏足够的了解，工作能力也亟需提高。

鉴于此，我们对新背景下班主任应该具备怎样的素质，进行了一次梳理，组织专家编写了这套"班主任新经典"丛书。我们的希望是，班主任能够在阅读中汲取营养，在实践中不断提高自我，最终成长为一个"全能的班主任"。

目录
contents

引　言

　　班主任在教育中发挥着特殊的作用，班主任的工作态度如何，教育方法是否妥当，组织管理能力的强弱，都直接关系到教育方针的贯彻和教育培养目标的实现，关系到教学计划的实施和教育质量的成败。换言之，班主任工作是教育成败的决定性因素。

　　班主任工作是一项强调原则性的工作，这是由班主任特殊的身份地位决定的。班主任对班级的常规管理，对学生进行的日常教育等都需要讲求原则，只有在这些工作中讲求原则，才能保证班级的正常运行，为学生创造一个有序、健康、安全、温馨的学学习和生活环境，这也是班主任工作的基础。

　　除了讲求原则，班主任工作更加需要讲求艺术。班主任工作的艺术涉及教育工作的方方面面。

　　在现代教育理念的影响下，班主任都认识到了表扬在教育中的正面作用，开始主动地发挥表扬对于学生学习的促进作用，但表扬也并非是一剂万能良药，不恰当的表扬并不能收到应有的效果，因此表扬必须讲求艺术。表扬的反面是批评，实际的教育过程中也绝对不能缺少批评，而批评的艺术也是班主任所必须掌握的一项技能。

　　班主任对学生的教育中，离不开谈话，但就是再平常不过的谈话，都需要班主任付出心思。因为讲求艺术的谈话，能够收到良好的教育效果；而不讲艺术的谈话，可能让教育陷入僵局，面临尴尬的局面。

　　作为一名班主任，让每一位学生不断获得进步是其重要的责任，这就要求班主任的眼中既有优秀生，又有中等生，同时也不能忘了后进生。对后进生的转换，是班主任工作的一个难点，但同时也是一个重点，许多优秀的班主任就是在对后进生的转换中挑战了自我，获得了别样的喜悦。掌握后进生的转换艺术，是班主任实现自我价值的重要途径。

班主任与其他教师的最大区别，就在于他需要对整个班级负责，对全体学生负责，因此，班主任能不能调动各方的力量，让各种校内校外的因素服务于教育，形成教育合力就成为衡量班主任工作水平的一项重要指标。当然了，班主任使各方形成教育合力的过程，必然是一个讲求艺术性的过程。

当然，无论是班主任工作中需要讲求的原则还是艺术，都远远超过此处列出的这些，但毋庸置疑的是这些都是班主任工作中最基础的部分，且与其他工作之间有着千丝万缕的联系。另外，班主任工作的原则性与艺术性之间，并不存在天然的鸿沟，很多情况下，原则即艺术，艺术即原则，这也是由班主任工作本身就是原则性与艺术性的统一所决定的。

第一章
班主任工作的原则性与艺术性

　　班主任是近、现代学校教育中随着班级授课制的出现而产生和设置的一种工作岗位的称谓。班主任作为班集体的组织者和指导者，是学校领导者实施教育、教学计划的得力助手。他在学生全面健康的成长过程中，起着导师的作用，并负有协调本班各科的教育工作和沟通学校与家庭、社会教育之间的联系的责任。

　　从以上阐述中，我们可以看出，班主任工作是教育面向现代化，面向世界，面向未来，培养有理想、有道德、有文化、有纪律的具有创新精神和创新能力的人才的基础性条件。要实现这个目的，班主任工作就需要既坚持原则，又强调艺术，换言之，班主任工作是原则性与艺术性的统一。

第一节　班主任工作的意义和作用

班级是学校中进行教育和教学工作的基本单位，是培育青少年一代走向美好生活的重要环境。一个学校的教学、思想品德教育、生产劳动、课外活动等都是通过班级来进行的。而实践证明，一个班级的好坏，班主任工作起着决定性的作用。一个班上几十名学生是否能成为全面发展的一代新人，很大程度上取决于班主任工作的成效。古希腊哲学家柏拉图说："如果一个国家的鞋匠不合格，国民只不过是穿几双坏鞋，如果教师不合格那将影响一个国家的几代人的素质。"

班主任工作的重要意义与具体作用，主要体现为以下几个方面。

1. 班主任是学生直接的教育者

班主任归根到底是个教育者，班主任组织一切活动的目的就是为了教育学生，他是通过教学、管理来实现育人目标的，育人是班主任的神圣职责。

班主任对学生的工作侧重于思想教育，思想教育是通过各种活动具体实施的，要寓教育于各项活动之中，使学生的思想境界在活动中得到提升。诸如通过各学科教学、班会、校会、选修课及各类活动课来进行爱国主义教育、集体主义教育、近现代史教育和国防教育等。班主任还要指导本班的共青团、少先队开展活动。班主任对这些教育活动负主要责任，因此他对学生思想觉悟和道德水准的提高起着特殊的重要作用。

班主任还要不断提高学生的自我教育能力，激励学生积极自觉地从事班级的工作，主动参加各项活动，自觉进行各方面能力的训练与培养。班主任要特别加强对后进学生的思想教育，帮助其培养良好的行为习惯，树立崇高的理想、信念和正确的价值观。这些对学生一生的成长和发展都起着不可低估的作用。同时，班主任还要像爱护自己的子女一样爱护学生，从这个角度上说，他又是在校期间全班学生的保护人。

2. 班主任是班级活动的组织者和管理者

学校教育体系中班级是最基层的组织，班主任最常见的工作就是对班级的活动组织和教育管理。

班主任的组织管理是通过班级这一组织形式来具体实施的。建设良好的班集体，班主任起着关键的作用，这是他们最主要的职责之一。同时班主任还要有意识地培养具有本班特色的优良班风和光荣传统，并一届一届传承下去。

共同活动是集体的生命。班主任除了组织学生在校从事上课、自习等常规性学习活动，督促班级学生完成学习任务外，还要善于组织学生参加各种竞赛等课外活动，组织参加劳动、服务、调查等各种社会活动。

班级干部是每个班集体的领导核心。班主任要挑选学生信服的学习骨干和积极分子组成班委会，依靠学生干部对全班学生进行管理，顺利开展工作。班主任对班干部起着选择和培养的作用。

班会是对全班学生进行教育管理的重要形式。班主任有目的、有计划地展开主题班会活动，就能更好地实施对学生的集体教育。

班主任还要不断地加强对学生的组织纪律管理和生活管理。组织管理是教育学生的保证，而教育学生则是组织管理的目的，二者是相辅相成的。

3. 班主任是连接各种教育资源的纽带和桥梁

学校的各种教育教学工作包括各科课堂教学、各门选修课、各项课外活动、各种教育实践等。班主任要将其具体传达给学生，并组织学生完成任务，达到学校要求的预期目的；反过来，学生对学校的工作、活动及要求等情况的反映，也主要靠班主任搜集、输出、传递给学校。所以，班主任在学校与学生中间起桥梁和纽带作用。

为了保证各种因素对学生影响的一致性，班主任首先应与校内的各种教育力量取得联系，使他们在影响学生时保持一致。如果科任教师与班主任各行其是，对学生要求不一致，就会造成学生的行为、思想上的矛盾。班主任应当经常与科任教师交流情况，同时征求科任教师对班级教育管理的意见和建议，以便更好地完成教育教学任务。

班主任要与学生家长取得联系，要架设家长和学校之间的沟通桥梁，协调对学生教育的各方面要求。每一个学生都深受家庭的熏陶，家庭成员对孩子的教育极大地影响着班主任工作的开展。如果家庭成员文化层次较高，具有良好的品德素养，能自觉地与班主任共同一致地教育学生，就能有效地促使学生健康成长。反之则不然，当家长的要求与班主任对学生的要求相互抵触时，班主任必须认真细致地做好家长的思想工作，使家长自觉地与学校密切配合，共同教育好学生。

4. 班主任是教育工作的总结者和评价者

班主任要根据教育任务、学校计划和本班的特点，围绕德、智、体、美、劳全面发展的培养目标，制定出本班不同学期内的工作任务和应采取的具体措施。

每个学生的思想品德、学习、劳动、才能、艺术、言论、行为等方面的表现各有差异，班主任要善于发现正反两方面的典型事例，及时给予表扬或批评、奖励或惩罚，以教育学生，树立班级集体的正气。

操行评定是对学生在一个学期内的学习、劳动、思想品德和生活纪律等方面的小结和评价，主要由班主任负责。要把对学生的操行评定作为一种教育手段，激发学生产生上进心，明确努力方向。

班主任要对自己的工作及时总结，汇集情况，找出经验与教训，找出规律，丰富教育理论，并在此基础上制定出新的决策，再指导实践。

总之，学生人生观的树立，生活道路的选择，思想品格的完善，智能的开发，学识的长进，都离不开班主任的潜在影响。我国中小学在校生有2亿多，要把他们培养成为具有创新精神和创新能力的人才，班主任起着重要的作用。

第二节 班主任需具备的修养

　　教育是人类社会发展的重要保证之一，人类社会文明的发展是无止境的，教育事业也是永恒的。在推进人类文明的进程中，教师自身的素质也不断得到健全和完善，这种健全程度和完善过程，便是教师修养的结晶。所谓班主任的修养，是指其在政治、思想、道德、人生观、知识、能力等各方面素质上所进行的培养、锻炼和所能达到的水平。

　　实际上，任何一个人都在有意识或无意识地进行着自我修养的培养。苏联教育家安·谢·马卡连柯曾经指出："首先是教师品格的陶冶，行为的教育，然后是专门知识和技能的训练，不经过这样的步骤，任何一个教师也不能够成为很好的教师。"一般来说，班主任的修养主要包括以下几个方面。

1. 政治思想修养

　　政治思想修养有着鲜明的时代色彩，有强烈的阶级特点和民族特点，班主任的政治思想修养的性质必须符合社会主义教育的要求。政治思想修养对其他修养起制约、导向作用。

　　政治修养主要指班主任在政治方向、政治态度、政治表现等方面进行的培养、锻炼和所应达到的水平。班主任的政治修养表现在以下几个方面：

　　（1）对教育事业有明确的认识并能担负起光荣的历史使命。作为班主任必须认识到教育事业是立国之本；认识到教师是太阳底下最崇高的职业，而班主任是青少年一代健康成长，德、智、体、美、劳诸方面全面发展的引路人和工程师。

　　（2）热爱祖国、热爱社会主义制度，献身教育事业，是班主任政治修

7

养的基本要求。班主任还应自觉遵守国家的法律、法令、条例和组织纪律。

（3）无私奉献，艰苦创业。特别是在当前市场经济的环境中，教师的经济收入还比较低，这就要求班主任发扬无私奉献的精神，吃苦在先，享乐在后。对工作有义务感，对事业有使命感，对学生有责任感。

思想修养是指班主任世界观、方法论、理想和信念等方面经过长期锻炼和培养所达到的水平。班主任的思想修养表现在以下几个方面：

（1）班主任必须有为教育事业献身的精神，这主要表现在献身全面培养、教育学生上。班主任必须热爱自己的学生，忠实地履行自己的职责，富有强烈的责任感。班主任的工作是平凡的，他默默地用自己的生命之光，引导学生进入知识殿堂，攀登科学高峰。

（2）班主任必须勤于思考，深谋远虑，有为工作做出成绩的进取心，力求尽职尽责地完成自己所担负的工作任务。

（3）具有实现既定目标的自信心。为了实现自己的理想、目标，为完成自己的职责，能够克服前进中的任何艰难险阻。

2. 学识修养

所谓学识，是指学问和见识。班主任的学识修养是班主任在学问、见识方面应达到的水平，班主任的地位和作用决定了班主任应有较高的学识修养。

（1）班主任要有一般的社会科学知识和自然科学知识。在知识的掌握上，班主任比其他教师应该更深、更广一些，要尽可能扩大自己的知识面，掌握尽可能多的知识。只有这样才能率领学生攀登科学高峰，才能满足学生的求知欲。

（2）班主任要有一定的法律常识修养。班主任只有懂得法律常识知识，才能向学生进行法律宣传教育。从目前情况看，真正懂法的班主任并不多，甚至违法还又不自知，如打骂学生和私拆学生信件等现象时有发生，可见班主任加强有关法律常识方面的修养是至关重要的。

（3）班主任必须要有足够的专业知识方面的修养。班主任所传授的科学知识，必须达到国家规定的程度和范围。作为班主任不仅是一个优秀的管理者，还必须是一个教学能手，使自己的课上得符合教育理论关于好课的标准，这样才会赢得学生的尊重和信赖；班主任必须学习教育理论知识，掌握教育规律及学生的思想品德形成发展的规律，树立正确的教育观点，掌握正确的教育方法，只有这样，才能克服盲目性，使工作有的放矢，卓有成效；班主任作为班级的管理者和领导者，应懂得管理规律，掌握管理和领导的艺术，这样才能更好地发挥管理效能，使班级教育管理取得更好的成效。

3. 能力修养

一个合格的班主任应具备各种能力的修养，而长期以来，班主任的能力修养一直是个薄弱环节。德国著名教育家第斯多惠说："谁要是自己还没有发展、培养和教育好，他就不能培养、发展和教育别人。"学生当中出现"高分低能"，"动手能力差"等状况，原因很多，但班主任自身的能力修养不高，不能不说是一个重要的原因。

班主任的能力修养，主要是指思想工作的教育能力、组织管理能力、教学方面的能力三个方面，这三个方面的能力，又具体地分为九个层次的内容。

做学生的思想工作是班主任首要的任务，这就要求班主任必须具备：

（1）敏锐的观察力。班主任要能从学生的眼神、表情、动作、姿态等外部表现中，探究他们的心理活动，洞察学生思想的状况和变化，甚至从某一心理表现推知将要出现的下一个心理表现的内容，同时分析预测学生的思想倾向，对于好的倾向要及时鼓励，对于坏的倾向则须防患于未然，及时采取措施使其向好的方面转化。通过观察学生的外部表现还可以了解自己的教育效果，以扬长避短，改进提高。同时还要善于观察学生存在的社会空间变化发展情况，这是影响学生的社会因素和家庭因素。当然对自身观察也是必要的，以使班主任言行符合教育管理学生的要求。

（2）较强的记忆力。班主任应该把学生各个方面的表现保留在自己的记忆中。比如通过学生的外部特征和个性特征来记住学生的名字，认识学生。在一个新班面前迅速、准确地叫出学生的名字，说出他们的爱好、特长，学生就会意识到班主任对自己的注意和重视，会倍感亲切。同学生一起参加有意义的活动或学生反映的个别情况，班主任能准确、清晰地记忆和再现出来，这样，就能在心理上征服学生，使学生感到班主任对自己的关注，觉得班主任可亲、可近、可敬、可信，达到师生思想交融、心理相通。

（3）丰富的想象力和周密的思考力。班主任要有丰富的想象力。班主任的想象力是班主任开展创造性教育工作的重要智力条件，也是培养学生创造能力和创造性思维的重要智力条件。班主任要善于通过现象，深思熟虑，经过周密的分析、思考、综合、抽象、概括、推理，最后准确地抓住事物本质，作出判断，从而找出解决问题的办法，及时解决班级出现的各种问题。

班主任要善于组织、管理班集体，以期达到教育目的，要想做到这一点必须具备下述能力。

（1）鉴别评审能力。班主任要善于明辨是非，知人善任，要着眼于学生的积极方面，知其所长，用其所长，充分发挥其作用，同时要容学生之所短，帮其所短。评审手段要以表扬奖励为主，必要时辅以惩处，以有效地推动工作。

（2）沟通协调能力。班主任的沟通协调能力主要表现在：处理好使学生德、智、体全面发展与因材施教的关系，师生关系、学校与家庭的关系，自己与学校领导的关系以及学生与家长的关系。要充分调动各方面的积极性，共同为完成学校的教育目标而努力。

（3）指挥组织能力。班主任能根据学校工作的性质、特点及其任务，从班级的实际情况出发，适时提出有感召力的口号，使学生能热烈响应教师号召，积极完成学习、劳动等各项任务；善于发动和动员学生积极参加各项活动，同时对每项活动都能做出妥善安排，并能及时拿出应变措施，这些都是班主任有指挥组织能力的表现。

班主任的教学能力主要表现在以下几个方面。

（1）较高的教学机智。班主任在课堂教学中组织教学的全过程，处于主导地位。但在课堂教学中，总有偶发问题，无论知识问题还是学生表现问题，班主任要随机应变，相机处理，这是较高教学机智、艺术的体现。

（2）较强的语言表达能力。不论在课堂教学中，还是与学生交往中的语言，具体应做到：准确规范，发音标准，言语符合语法，句子完整，修辞恰当，逻辑性强，简练通俗；教学语言简约而明达，以细微浅近之言阐明至善至美之理，能使人透彻理解；表达要情趣盎然，鲜明生动，抑扬顿挫，恰到好处，把学生思路带到"唯恐聆听之不周，不知铃声之既响"的境地。

（3）教学改革能力。教学改革的重点是能力的培养问题。那种传统的以传播知识为主的教学方法和思想受到了严峻的挑战。教师不再是只教学生单纯贮存知识，不仅是"教书"的，更重要的是指导学生学习方法的，是"教学的"。班主任具备教学改革能力不仅可以提高教学效果，受到学生的尊重，在学生中树立起威信，还可以培养创造型、开拓型人才，更可以激发学生的求知欲和学习兴趣，这样对培养良好的班集体有重要作用。

4. 作风修养

所谓作风修养就是指班主任在思想、工作和生活等方面努力、锻炼和所能达到的水平。班主任的作风对学生有着潜移默化的影响，它间接影响班主任的工作效能。良好的作风修养是取得学生信任、率领学生前进的法宝。

加强作风修养是班主任自身完善的需要，也是班主任职业劳动的需要。具体地，班主任的作风修养主要包含以下几个方面的内容。

（1）以身作则的作风。所谓以身作则，就是指班主任思想健康、品德端正、言行一致、处事公正、诚实谦虚、平易近人。一切培养学生做人的道理和要求，首先自己要弄懂做到，以自己的模范行为影响学生。当代的学生，生活在信息社会，接触社会早而且渠道多，但他们缺乏分辨是非的能力，思想很活跃，而认识又很模糊，这就要求班主任要严格要求自己，处处以自己的好思想、好作风和模范行为去感召、去影响、去制约青少年的言行，充分发挥为人师表的作用。

（2）实事求是的作风。班主任实事求是的作风就是要一切从实际出发，脚踏实地地工作。对学生的教育要点点滴滴，循循善诱，认真负责，一丝不苟。不幻想一个早晨、一次教育，学生就成熟了，教育就成功了。对学生的每一个进步或错误，不夸大不缩小，班主任都应视其为教育工作的新的起点。

（3）民主的作风。民主作风是班主任教育管理班级的行为表现。班主任组织、领导一个班集体，面对几十个活生生的人，要处理各种各样的事情，班主任要以民主的态度对待各种事情，平等待人，要善于倾听各类学生的意见。凡事要进行调查研究，不主观武断，不感情用事。

（4）密切联系学生的作风。班主任与学生相处的过程中，学生出于对教师的信赖和尊重，都渴望与教师接近，愿意向教师倾诉学习和生活中的感受，讲述见闻和趣事，甚至连心中的秘密和家庭中的琐事也愿意告诉老师。这时，老师就应该以平等的朋友身份接触学生，跟他们谈论有意义的生活趣事，讲述富有教育意义的故事，以及对一些事物的观点和认识，帮助他们解决生活、学习中遇到的各种问题，这样就会增进师生相互了解，产生心理相容的效果。

（5）自我批评的作风。班主任绝非完人，在和学生的频繁接触中，难免会在某些方面产生失误，言谈举止失当，乃至与学生发生正面冲突。这就要求班主任要勇于自我剖析，善于自我反省，敢于自我批评。

5. 品格修养

品格修养是指一个人在道德行为、品质性格等方面所进行的培养、锻炼和所能达到的水平。作为班主任，总是一边向学生传授科学文化知识，一边用自己的道德品质去塑造学生的心灵。因此，班主任占有知识多少，品格修养的高低，将决定着培养出来的学生的优劣。

根据班主任工作的特点和需要，对班主任的品格修养的要求是比较高的。具体的有以下几个方面。

（1）热爱学生，培养新苗。热爱学生是班主任做好教育工作的前提、起点和内在动力。热爱学生首先要在政治上、思想上关心他们的成长和进步，要提高他们的觉悟；热爱学生还要关心他们的学习情况，要因人而异，因材施教，对学生满腔热情，不厌其烦地进行教导；热爱学生不仅热爱优等生，而且要热爱后进生，要以极大的热情，关心爱护一时失足的学生，鼓励他们进步；班主任热爱学生，还表现在对学生的耐心教育和严格要求上。

（2）冷静多思，胸怀广阔。作为班主任，重要的是遇到问题要有冷静的态度、稳定的情绪，千万不能急躁，不能感情用事。要多想办法，从各个方面分析事情发生的原因，这样才能妥善地处理班级出现的各种问题。实践证明，凡是高明的班主任都不会滥用自己的情绪，他们在表现情绪时，显得很有分寸，有节制、有修养。班主任在严格要求学生的同时，还要以宽厚的心胸对待学生。要允许学生犯错误，学生犯了错误之后要耐心、细致地进行教育，不能抓住辫子不放，苛求学生，否则会使学生对老师敬而远之，望而生畏，久而久之，师生之间就会形成一道无法逾越的鸿沟。

（3）谦虚谨慎，互相帮助。班主任做事应谦虚，不狂妄自大，在班级教育管理上善于听取其他教师和学生的合理化建议；班主任和其他教师间能开展互相帮助，好事让给同志，难事留给自己，功劳让给别人，过失承担起来，这些推功揽过的优秀品格，对学生终生都会起到教育作用。

（4）坚忍不拔，耐心持久。对学生思想品德的教育过程是长期的、曲折的、反复的。班主任对学生思想上出现的反复，不能误认为是屡教不改，不可救药，而应该有信心，有耐心，不怕挫折，不怕失败，坚持不懈地对学生进行教育和帮助。做到反复抓，抓反复，使学生每反复一次，就受到一次教育，得到一次提高，取得一分进步。

第三节　班主任怎样树立威信

威信是指人们在社会生活的一定环境中彼此间交往，长期积累并逐步形成的在群众中的威望和被信赖的程度。班主任的威信是指能使学生信服而自愿接受其管理指令并做出预期反应的一种精神感召力量。

班主任长期和学生生活在一起，对学生施行教育的过程也是进行自我教育、自我锻炼、自我培养的过程。在这个过程中所留给学生的表象，逐步在学生中形成威信，构成师生间的亲切、敬仰、信服、威慑等感染力和向心力。

班主任的个人威信是有效地影响学生的重要因素，又是使学生接受教育的基础。它是一种强有力的教育手段，具有很大的教育感召力量，也是班主任取得良好教育效益的重要条件。不同的班主任，使用同一种方法对学生进行教育管理，取得的效果相互间却有很大差别，这里往往有威信的作用。

班主任的威信又是一种维护集体、团结学生、促进学生全面发展的重要力量。它能使集体出色地完成各项活动任务，并取得良好的成绩。有威信的班主任常被学生看作是楷模和榜样。

威信是班主任能否很好地发挥作用的重要标志，又是班主任有效推动工作的基本前提。它不仅对于顺利进行工作是非常必要的，而且还是实现管理作用的无形的潜在力量。班级教育管理实践证明：班主任作用发挥的程度与其在学生心目中的威信有直接关系，如果威信高，则工作事半功倍；如果威信低，则工作事倍功半。所以，自身威信的建立与作用是每一位班主任都十分重视的问题，也是一个需要认真探索的重要的班主任工作理论与实践的课题。

班主任的威信不是靠自己吹出来的，也不是靠权力压出来的，更不是靠上级领导树起来的，而是靠自己在教育管理的实践过程中逐步建立起来的。有威信的班主任，学生会主动地去接受他的教育与领导，班级工作的效率高，学生学习气氛浓厚；反之，没有威信的班主任，学生被动地接受他的教育与领导，班级工作的效率低，学生学习气氛淡薄。

班主任威信的形成，取决于诸多因素，但根本的是在工作中不断地完善自我，讲究科学性，用真诚来感化学生，相信时间不久，学生会被班主任老师的品德、修养、智慧以及认真负责的精神所折服，日久天长，威信必然形成。而班主任威信一旦树立起来，它会有非凡的感召力。

班主任树立威信，应该坚持如下的原则。

以德树威：热爱教育，无私奉献，忠于职守，品德高尚；以身作则，为人师表，坚持原则，公平严明。

以能树威：远见卓识，人尽其才，身心发展，全面负责；一专多能，知识广博，勤于组织，精于管理。

以教树威：教书育人，言传身教，诲人不倦，因材施教；利用集体或个别教育，扬长补短，长善救失。

以艺树威：掌握规律，提高艺术，因势利导，科学育人；开展活动，丰富多彩，焕发活力，寓教于乐。

以实树威：实事求是，工作扎实，讲求实效，深入细致；持之以恒，坚持不懈，长期反复，坚定意志。

以法树威：健全制度，有章可循，强化管理，奖惩适宜；统筹兼顾，注意效益，职责分明，协调有序。

以群树威：建设班级，形成合力，依靠集体，共同教育；选拔骨干，重点培养，择贤任能，用其所长。

班主任在树立威信的过程中，必须坚持正确的价值取向。以下几点就是班主任在树立威信时必须坚持的。

1. 用渊博的知识征服学生

班主任在学生中的威信和感召力，是他在从事教育教学活动中显现的。大量事实证明，专业造诣较深的教师，总是一上课就博得学生的欢迎，赢得学生的信任，所以班主任首先必须完善自己的知识储备，争取做一个优秀的教师。

假如一个班主任孤陋寡闻，知识贫乏，教学内容陈旧，不能满足学生日益增长的求知欲望，这样的班主任不论怎样与学生搞好关系，也不会受学生的尊重。

2. 用榜样的力量引导学生

榜样的力量是无穷的。由于班主任工作的对象是广大青少年学生，他们的特点是可塑性大，模仿性强，他们的人生观、世界观、个人品质正处于形成阶段，班主任的言行、工作作风、性格、爱好等对学生都有影响。生活中的班主任怎样穿衣服，怎样与别人谈话，怎样对待朋友，怎样读书……都要给学生树立典范。

班主任在教育工作中，一切都应该以教育者的人格为依据，任何章程、纲领和管理机构，无论它们被设想得多么精巧，都不能代替人格在教育事业中的作用。因此，班主任必须为人师表，扮演好自己的角色，以良好的形象影响学生，要求学生做到的，自己应该首先做到，要言行一致，言而有信。

3. 用真挚的情感关心学生

热爱自己的学生，是班主任必须具备的基本素质。师爱是建立良好师生关系的基础。综观古今中外，优秀的教师在教育方法上可以千差万别、各有千秋，但有一点都是相同的，那就是对学生的爱。

即使班主任对学生进行批评，如果能让学生体会到那是一份真诚，出于善意，他就能理解老师，改变自己的行为；相反，如班主任老师缺乏真挚的情感，引起学生厌恶或反抗心理，即使你说的"金玉良言"，学生也会无动于衷。

班主任平时工作中，多给学生以爱心，一个善意的微笑，几句鼓励性的话语，一声祝福或一个问候，就能使学生倍感亲切与温暖，身体里的那股暖流就能迸发出一种内在的力量，那就是信任。

4. 用公正的态度对待学生

在学生的心目中，教师具有至高无上的权威。当一个班主任偏爱某个学生时，他会巧妙地为这个学生提供诸多便利。有时候，当受偏爱的学生犯了错误后，班主任甚至还进行包庇，大事化小，小事化了。有些班主任老师自以为手段高明，但实际上其他学生往往比班主任估计的敏感百倍。试想哪个学生不渴望与教师亲近？哪个学生不渴望得到班主任的表扬？因此，学生格外留心班主任喜欢谁，不喜欢谁。一旦发现他偏爱某个同学，其他同学自然心理不会平衡，甚至极度悲观失望，谈何相信老师，相信班主任。即使被偏爱的学生，如果一旦识破老师的颇有用心，也不会感激你，甚至还会出现厌恶情绪。

第四节 班主任工作原则性与艺术性的统一

无论是修养的培养，还是威信的树立，班主任工作都必须讲究技巧与方法。班主任工作必须坚持基本的原则，唯有如此，才会让班主任工作不走样，坚持正确的道路走下去；同时，班主任工作也必须讲究艺术策略，离开了它，班主任工作也就无法取得应有的成效，无法实现对学生的培养目标。班主任工作对原则性与艺术性的追求，主要是由班主任的教育对象和自身职业性质的特殊性决定的。

班主任的工作对象是学生，尤其是中小学生一般都尚未成年，与其他劳动对象相比，有其自身的特殊性，具体包含有以下内涵。

1. 学生是一个能动体

与其他的生产劳动的对象不同，教育的对象——学生不是静止的物，而是活的能动体。学生作为活的能动体，意味着学生具有发展自身的动力机能。学生不仅与其他生物一样能够通过对外界的摄取活动，使自己的机体得以保存和发展，更为重要的是，这种动力机能还表现为学生能够以人所特有的能动性，创造和满足自己的物质需要与精神需要，并用以发展自己的身心。

作为教育实践对象，学生不是消极被动地接受塑造和改造，而是能够意识到自己是被他人所塑造和改造的，从而有可能自觉地参与到教育过程中去，以一种与教师相重叠的目的活动，共同完成教育的过程。

2. 学生是具有思想感情的个体

学生是有血有肉的活生生的人，有自己的思想感情，这一点与作为物的劳动对象是完全不同的。与其他物的实践对象不同，在班主任的心理上，不仅仅把学生作为一种认识对象，而且必然会与学生之间建立起其他心理系统，诸如情感、需要等的联系，而各种心理联系同时又必然是双向的，如班主任对学生产生某种感情，必然的学生对班主任也会有这种感情。

学生作为一个具有思想感情的个体，又意味着他具有自身独立的人格，他有自己的需要、愿望和尊严，这一切都应当得到正当的满足和尊重，学生不同于其他的物可以听任摆布，屈从于人。

3．学生具有独特的创造价值

人具有其独特的价值，这是因为人有能动的创造力，人有智慧，能劳动，具有创造价值物的积极作用。可以说，世间的一切有价值的东西，都是由人创造的，从这个意义说，人是世界上最宝贵的。

处于学习阶段的学生虽然尚未进入创造价值的过程，但是通过教育却可以使他们对社会、对人类作出积极的贡献，甚至创造出伟大不朽的价值。人的这种特性也是与物完全不同的。在教育过程中应当珍视学生作为人的无与伦比的价值，不能任意损伤和残害他们。

4．学生是一个完整的人

现实生活中的每个人都有其自然属性和社会属性，都存在着身体和心理等各方面的发展，都是一个完整的人。但就以人为对象的某些社会实践来看，他们所面对的往往只是人的某一方面，如医生所面对的只是人的生理方面，艺术家所面对的只是人的精神方面。而教育工作作为一种培养人的社会实践活动，它所面对的人——学生，却是一个完整的人。

教育不仅要变化人的认识、情感、行为习惯等精神因素，也要变化人的身体、生理等因素；教育不仅要使学生在将来能承受社会现有的生产力，与自然作斗争，还必须使他们能够承受社会现有的社会关系，以适应社会生活；教育不仅要使所培养的学生具有推动社会发展的知识等精神力量，同时还要使他们具备相应的身体等物质基础。教育所要实现的是人的德、智、体、美、劳等全面的发展。班主任对全班学生的全面发展负主要之责，必须把学生视为一个完整的人。而班主任职业性质的特殊性，是由于社会生产力的发展对教育事业提出了许多新的要求，进而要求教师必须形成完整的新型的知识结构和技能结构体系。教师不仅要有深厚的学科知识，还要比较完备地掌握心理科学和教育科学方面的知识，熟悉现代化的教学手段和新型的教育技术和技巧。世界上有各种各样的职业，教师这一职业仅仅掌握专业知识是不能胜任本职工作的。

教师，尤其是班主任需要健全的品质特征，这一点是绝大多数职业无法比拟的。有人通过调查研究，认为健全教师应具备下列品质：适应能力、仪表端庄、兴趣广泛、精细准确、和蔼可亲、合作互助、切实可靠、办事热心、语言流利、坚决果断、判断中肯、身心健康、诚实正直、刻苦耐劳、情操高尚、乐观旷达、整齐清洁、襟怀坦白、创造性思维、进取精神、敏捷守时、文雅风度、学者态度、自制能力、俭约简朴。这25条品质特征，只有教师这一职业才需要，也唯有教师这一职业才需要如此健全的、需要付出极大努力才有可能做到的品质特征。

所有这些，一起决定了班主任工作不仅要有原则性，也要讲究艺术性。

班主任是教育方针、课程计划等各项教育任务的具体贯彻执行者。班主任工作既是中小学教育工作中的一种分工，又是社会上不可缺少的一个角色。无论是班主任工作的任务、职责，还是其所担负的工作分量，以及所起的作用，都可以说班主任是教师这一职业最完整和最充分的体现。可以确定的是，班主任工作中不坚持原则性，是根本无法完成教育的使命的。

而如果班主任工作一味讲求原则，靠强制和命令的方式去做工作，也是根本无法完成教书育人的目的的。班主任是塑造人类灵魂的工程师与设计师。中小学学生求知欲强，具有探求真理的强烈上进心，他们不满足于现状和某些问题已有的答案，不惧怕权威，所有这些都要求班主任开展工作要讲究艺术。

班主任工作艺术是班主任教育思想、教育能力、教育素养、教育风格和教育机智等方面素质的综合反映和体现。所谓班主任工作艺术，就是班主任在开展班级各项工作时，在遵循教育学、心理学和管理学等科学原理的基础上，准确把握学生生理、心理特点，充分发挥班主任的聪明才智，准确把握教育契机，讲究工作的技巧和灵活恰当的方法，积极而富有成效地开展班级工作。

　　班主任工作要想达到学生动其心、激其情、导其行的效果，就必须讲究原则性与艺术性的统一。班主任在开展班级各项工作过程中，既要坚持原则，为实现管理目标而努力，又要善于使用技巧，掌握教书育人的艺术。掌握了班主任工作的艺术，艺术性地展开工作，工作才能开展得有广度和深度。

第二章
班主任进行班级常规管理的原则

　　班级常规管理是指班主任对班级日常工作的经常性指导，保证班集体的统一性、纪律性，采取一定的措施，综合各种教育和教学的影响，以促进全班学生的健康成长和发展。班主任对班级的常规管理必须以实现一定的教育和教学目标为出发点，以班级的特点和学生的年龄特征为依据，同时以有效的技巧作为管理实施的基本保证。

　　班主任在班级常规管理前，需要了解班级管理的基本原则；掌握创建班集体的方法和组织班级活动的注意事项；能够树立正确的班集体舆论，并且能够对班级的偶发事件进行合理地处置。

第一节　班级管理的基本原则

在班级管理中，班主任的主要任务就是要实施班级的管理目标，运用制度化、民主化的管理手段来实现对班级的管理。

实施班级的管理目标是班级管理的重要步骤。班级工作的质量、成效、经验、教训都是在班级管理目标实施的过程中创造出来的。实施管理目标要坚持以下基本原则。

1. 正确制订实施班级管理目标的活动计划，即规划实施目标的活动过程、步骤、方法和方式。

2. 做好组织工作。即班主任要把学生安排在适当的岗位上，从事适当的活动，使班级中人人有事干，事事有人管。

3. 做好指导工作。即班主任针对学生认识上、行动上同班级管理目标之间的差距，进一步向学生提出要求，给予具体帮助，促进学生个人和班级工作的进步。指导工作的内容较多，如沟通信息，介绍经验，分析问题，选择方法等。指导方式有集体指导和个别指导两种。

4. 做好协调工作。即班主任在实施过程中根据各阶段的发展变化，随时协调各种关系，增强合力，使班级工作按原定目标顺利进行。协调内容包括协调班内人际关系和各项工作之间的关系；协调本班同其他班级、同学校有关部门的关系以及师生之间的关系等。

5. 做好激励工作。即班主任运用精神和物质的手段去调动全班学生的主动性和积极性，使实施目标成为全体学生的自觉行动。如通过表扬、奖励使指向目标的行为得到发展；通过批评、惩罚，使偏离目标的行为得到改正，从而促进班级管理目标的实现。

班主任通过制订和执行规章制度去管理班级的经常性工作，这就是制度管理。规章制度是学生在学习、工作、生活中必须遵守的行为规则。它能够保证班级工作有秩序、有成效地进行，使学生的行为规范化，提高班级工作的效率。要实施制度管理，班主任应该坚持如下的原则。

1. 制定细则。根据《学生守则》和学校各项管理要求，从本班实际出发拟定各项制度的实施细则，如学习制度、卫生制度、爱护公物制度等，内容要明确具体，文字要简明扼要，使学生便于掌握和记忆，利于贯彻执行。

2. 注意让每个学生了解规章制度的内容和意义。通过各种宣传形式，提高为学生执行规章制度的自觉性。实行一项新的规章制度要进行思想动员。即使是已经实施的规章制度，也应根据情况作出新的说明和要求，使学生懂得怎样做，为什么要这样做。

3. 严格要求，认真检查评比。各种规章制度公布执行后，就应严格检查评比，以便及时发现问题，作相应的调整。检查评比中，要贯彻班级成员在制度面前一律平等的原则，严格按要求办事，保证规章制度的执行。

4. 反复训练，形成习惯。要把执行规章制度和规则变成学生的自觉行动，需要进行长期严格的、坚持不懈的教育和训练，使之形成学生的习惯。

班级民主管理的含义是：运用民主集中制的方法，使班级成员参与管理并发挥其主体作用；同时每个班级成员又要服从班集体的正确决定，承担起各自的责任。只有依靠全班学生发挥高度的积极性和创造性，人人具有主人翁态度和负责的精神，才能取得班级管理的最佳效果。

班主任运用民主管理的方法，应坚持以下几条基本原则。

1. 组织全班学生参加全程管理。表现在四个方面：①计划阶段。班主任可引导学生就确定目标和制定实施目标的措施等问题展开讨论，并以班级学生参加讨论的广度和深度作为民主管理水平的一个标准。②实施阶段。应注意发挥班级中各种组织、每个学生干部的作用。③检查阶段。应做到班主任和全班学生相结合，在师生共同参与下进行检查评比。④总结阶段。班主任要和全班学生一起，对班级工作情况进行评议，总结经验教训，探讨管理规律。

2．创造民主氛围，把班级的民主管理渗透到各个方面。实行值日生、值周生制度，开展日评、周评、月评活动；建立民主生活制度，定期召开民主生活会，班主任、学生干部和全班同学一起，以平等身份参加会议，开展批评与自我批评，培养学生的民主意识、习惯和自我教育的能力。

第二节　怎样创建班集体

　　创建班集体是班主任进行班级教育管理工作的重点和难点之一。班集体建设得好与不好，直接关系到学校教育教学的成功与失败。因此，班主任科学创建班集体是学校教育教学和管理科学化的基石，是适应学生生理和心理发展的需要，同时还可为优化班级这个微型社会教育环境提供有利条件。

　　班集体是由全班学生组成的正式组织，是学校教育的基本单位。它是班主任工作的对象，又是学生进行各种活动和自我教育、自我管理的基本组织形式，它对学生的影响是其他教育形式所无法取代的。组织和培养班集体有以下几个方面的积极意义。

　　1. 组织和培养班集体，能够培养学生的集体主义思想。通过有意识、有目的地组织一种有益于学生成长的"特殊的环境"，学生生活、学习和娱乐在这样的集体之中，就会逐渐成为集体的自觉成员；通过组织起来的学生集体的潜移默化和冶炼，学生的集体主义精神就能更好地培养起来。培养班集体就是以集体主义思想教育学生，使他们热爱班级这个集体，进而热爱学校这个集体，直到热爱我们的祖国。

　　2. 组织和培养班集体，能够促进全班学生在德、智、体、美、劳几方面得到发展。在一个好的班集体里，同学之间能够在思想上互相帮助，学习上互相切磋，行动上互相激励，生活上互相关心，为争取在德、智、体、美、劳几方面都得到发展而共同努力。可以说，贯彻德、智、体、美、劳全面发展的方针，是班集体得以形成的条件，而组织和培养班集体又为学生的全面和谐发展创造了良好的环境。

　　3. 组织和培养班集体，能够培养学生良好的个性品质。学校培养出来的人才，不仅要有良好的共性素质，还应有良好的个性素质。学生良好的个性品质主要依靠班集体来培养。每个学生都离不开集体，集体的好坏对每个成员都有直接的影响。一个优秀的班集体，学生之间的交往大都是在有组织的积极活动中进行的，并促使班集体和学生个性同时得到发展。在诸多的集体活动中，学生获得了显示自己才能和特长的机会，在他人和集体的肯定性评价中，心理得到满足，个性得到全面和谐的发展。

由于受多种因素的作用和影响，班级组织在发展变化中往往会形成不同的类型。常见的类型有以下几种。

1. 散漫型班级组织。班级没有明确的奋斗目标，缺少核心；班干部无威信，没有号召力；学生不能自觉遵守纪律和规章制度，集体活动不容易组织起来。原因往往是班主任缺乏工作经验。

2. 集团型班级组织。班级内出现非正式小群体并扩大形成若干个小团体，在班级工作和活动中小团体内部不团结造成班级混乱。班干部或多或少地卷入小团体中，不能发挥班干部作用。班主任工作方法不当，处理问题不能从全局考虑，使得班级工作难以开展。

3. 中间型班级组织。班级不能稳定发展，时好时坏。班主任不善于组织集体，往往事倍功半，班级组织总处于中等水平。

4. 集体型班级组织。这是班级发展的最好的类型，是班级组织发展到最高阶段的表现形式。

班集体的形成不是自发的，需要班主任深入细致地组织、培养和教育。班集体的形成要经历一个变化发展的过程，这个过程可以分为以下几个阶段。

1. 松散的群体阶段。班级初建时，几十个学生编成一班，坐在同一个教室里共同学习、生活。可是他们彼此之间缺少了解和情感联系，集体没有什么吸引力，不能发挥正常的作用，一切活动听从班主任安排，学生的心理尚处于一种各想各的松散状态。

2. 有组织的群体阶段。班级成员在共同的学习和生活中不断交往，互相熟悉。在班主任的引导下，班级学生干部能各尽其责，积极开展工作，表现了各自的才能，获得了同学的信任。班级有了明确的奋斗目标，建立了一些适合本班的规章和制度，形成了正确的舆论。在这一阶段，班主任主要依靠集体，依靠学生干部去开展各项工作，但这时的班集体仍然经常地需要外界的帮助和督促。

3. 成熟的集体阶段。班级成员互相关心、爱护集体，良好的纪律、舆论和班风已经形成。班干部能有计划、有步骤地开展工作，班主任在或不在都一个样，能顺利地带领全班同学开展活动。同学们也具有自己教育自己、自己管理自己的能力。在这个阶段，也还会有少数人组成的小群体或站在集体之外的个别学生，但他们已经不能对这个班级产生消极影响了。

具体地，班主任在组织和培养班集体时，应坚持以下基本原则。

1. 确立集体共同的奋斗目标。这是班集体形成和发展必不可少的条件。集体奋斗目标的提出，要与学校当前总的教育任务相一致，要有针对性和思想性；目标和任务要准确、鲜明、具体，适合学生的年龄特点，使学生感到亲切、有兴趣，同时又是学生经过努力可以实现的。

2. 选拔培养学生干部和积极分子，形成班级领导核心。要建立一个坚强的班集体，实现集体的共同目标，必须有一批团结在班主任周围的班级学生干部和积极分子，成为班级的核心力量。他们是全班成员为实现集体目标而努力奋斗的带头人，是集体的骨干，是班主任的得力助手。所以，选拔和培养班干部和积极分子，是组织和培养班集体的一项重要工作。班主任应当挑选德、智、体全面发展，关心集体，能起模范带头作用，具有一定工作能力的学生来担任干部。培养积极分子应与建队、建团相结合；经常注意培养新的积极分子以扩大积极分子的队伍，推动全班学生不断前进，使班集体的力量得以加强。

3. 形成正确的集体舆论。为在班级中培养和形成正确的集体舆论，班主任应从多方面努力做好教育工作。要教育学生学习运用表扬和批评的方法，表扬好人、好事、好思想，维护正确的东西；同时也要批评不正确的思想，抵制歪风邪气。要充分利用班会、团会、队会、板报、墙报等班级舆论阵地，善于就本班学习、思想、劳动和生活中存在的实际问题组织学生进行专题讨论。

4. 培养优良的班风和传统。优良班风和传统的形成，需要经过长期的有目的有计划的培养。班主任要善于将班上出现的优良品质和风尚，在全班同学中加以宣传、扩大、巩固，使其得到班集体的支持和承认。同时，也要引导学生学习别班、别校的优良风尚。班主任应以身作则，起模范带头作用。要对班级所有学生严格要求，公正无私，不能有所偏袒。优良班风形成后，还要教育全班学生珍惜它，使之不断完善和发展。

5. 严格纪律，健全制度。一个好的班集体应该使每个成员都严格遵守集体纪律和制度，这对维护和巩固班集体，对教育学生个人有着十分重要的意义。因此，班主任在组织领导班集体的过程中，应向学生提出明确的纪律要求，运用奖惩的方式强化纪律观念；同时，建立健全学生学习、生活等方面的规章制度。

第三节　组织班级活动

要创建优秀的班集体，离不开各种各样的活动，只有开展活动才能完成班集体创建中提出的任务。活动质量的高与低，也能标志着班集体发展水平的高低。要想科学创建班集体，就必须充分利用"活动"这个中介。离开班级各种各样、丰富多彩的活动，就如同过河没有船和桥一样，班集体创建工作就缺少了重要的一环。

班级活动的基本类型可以从不同角度划分，这里列举几种中小学经常采用的班级活动类型。

1. 班级例会。班级例会是比较固定的班级活动，主要有周会和晨检两种。周会排在课程表里，每周或双周举行。一般由班主任、班委或值周生主持。内容不固定，包括布置、总结班级工作，讨论计划，评估班集体建设等。晨检每天早晨进行，内容包括安排当天活动、值日生讲评、简短的表扬或批评、通报重要信息等。

2. 主题教育活动。这是以思想品德教育为主的活动，其方式多种多样，可以采用主题班会、报告会、主题座谈活动等各种形式。

3. 文体活动。开展文体活动可以活跃班级气氛，增进集体团结，提高思想道德境界，促进学生全面发展。文体活动可以采用节日晚会、体育比赛等各种形式进行。

4. 学习活动。这里所说的学习活动是指为了促进同学的学习而开展的一些扩大知识视野、提高学习积极性、培养独立学习能力的活动，比如举办各种各样的作业展览，召开学习经验交流会，举办学习方法讲座，进行课外读书指导等。

5. 社会教育活动。是指班级到校外组织的教育活动，比如参观访问活动、社会调查活动、共建精神文明活动等。

6. 班级劳动。有组织地开展劳动教育，对树立学生的劳动观点，端正劳动态度，养成劳动习惯大有益处。常采用的方式有组织自我服务性劳动、组织社会公益劳动、组织服务性劳动小组等。

选择班级活动类型应该注意的是，活动要能充分发挥班主任和学生集体的创造性、积极性，使活动真正做到丰富多彩、收效显著。一般地，组织班级活动应该遵循以下的基本原则。

1. 教育性原则。班级活动要有体现教育方针的正确内容，还要符合教育规律和学生心理发展规律。要使全体学生通过集体活动，获得发展，有所收益，而不要使活动变成一种纯粹的娱乐活动。这对教师的组织准备工作提出了较高的要求。

2. 针对性原则。班级活动要讲针对性，针对性越强，收效越大。一般情况下，组织班级活动，一是要针对学生的年龄特点和身心发展需要。二是要针对班级里实际存在的问题。活动的目的要明确，越是能针对班级里现实存在的问题开展活动，活动的效果就越好。三是要针对社会上、学校里或班上同学间的"热点"问题，开展班级活动。

3. 整体性原则。班主任在组织活动时，要对活动的全过程，包括酝酿、计划、准备、实施、小结等阶段做全方位考虑，也要对活动的各个侧面，包括活动的主题内容、基本形式、组织过程、时间、地点、基本要求等各个方面进行统筹安排，使每次活动都做到计划周密、目的明确、组织严谨、内容丰富、收效明显，最大限度地发挥集体活动的教育作用。

4. 多样性原则，多样性包括活动内容的多样性和活动形式的多样性。班级活动非常忌讳单调划一、刻板乏味，应该为学生提供丰富多彩的教育环境、以满足儿童活泼好动，求知、求新、求美、求乐、求奇的需要。这一要求为班主任的创造性劳动提供了无限广阔的天地。

5. 主体性原则。班级活动的主体是班级的全体成员，班主任只是这个整体中的重要一员，起指导和出谋划策的作用，不能包办代替。主体性原则要求班主任通过班委会的工作，最大限度调动起全体同学的积极性，使全体同学都处于积极的参与状态，只有这样的活动才能收到理想的教育效果。

6. 创造性原则。班级活动要保持高度吸引力，获得最佳效果，就必须有创造性。创造性首先表现在活动内容上。活动内容要随着祖国现代化建设的深入发展、季节环境的变化、学校班级教育任务的安排、班级中各种学习问题的呈现等而不断变化。同时，在选用活动形式时要充分考虑到学生活泼好动、喜欢参与的特点，每次活动形式依内容设计，不求统一，使每个学生都能在活动中获得锻炼才干、学习知识、展现才华的机会。

开展不同类型的班级活动具有不同的方法，这里介绍几种普遍适用的方法。

1. 组织发动的方法。具体程序是：①组织动员。向学生讲清楚活动的任务、内容，说明为什么要进行这项活动。②明确要求。向学生说明完成这项活动的具体要求和措施，解决怎样活动的问题。③分析、预测活动效果。分析学生在活动过程中可能出现的各种问题，要求学生引起注意，并预测活动效果，提出活动结果评比办法。

2. 检查指导的方法。检查指导的目的在于随时发现活动过程中的问题，及时进行分析、研究，具体指导学生按活动要求进行；并注意在活动中进行观察评价，进行正面引导，使学生逐步形成自我教育的能力。

3. 科学控制的方法。班主任通过一定的程序、条件与数量规定，使活动与学校的德、智、体、美、劳教育协调一致，保证活动沿着正确的方向进行。这里要注意的是班主任给出的程序、条件和数量规定要合理，既要有教育性、科学性，又要有可行性，使学生通过努力可以达到活动提出的要求。

4. 放手的方法。班主任让学生和学生集体依据活动目标要求，进行独立自主的创造性活动。这一方法要求班主任注意从学生实际出发，使他们在意识到自己责任的基础上积极参与活动，并在活动中表现出对班集体所承担义务的主动行为，培养学生自我教育、自我发展的能力。

5. 活动总结的方法。具体办法多种多样，如开小范围座谈会、撰写活动总结、广泛征求意见、开全班总结大会等。不管采用哪种方式，一般情况下班委会应先开总结会，并将总结的内容以口头或板报的形式通报全班同学，继续吸取反馈意见，为今后班级活动的开展积累经验。

第四节　树立正确的班集体舆论

班集体是学校管理、实施教育教学的基本单位。加强社会道德文明建设，学校发挥着重要的作用。在某种意义上班集体也是社会道德文明建设的基本单位。班集体道德文明建设的水平，不仅是学校道德文明建设的反映，也可以对社会道德文明的建设起到一定的促进作用。

优良班集体形成的重要标志就是健康的班集体舆论，它不仅关系到班集体建设的水平问题，而且也是一个关系到未来社会公民的道德水平高低的大问题，因而养成班集体健康舆论是班主任的主要工作。

树立正确的班集体舆论，最根本的就是要树立学生的是非观，这是一个长期的、反复的、艰苦细致的培养过程，不可能一蹴而就。树立正确的班集体舆论，班主任应该遵循如下的基本原则。

1. 建立必要的班级规章制度

一个人的言论除了受法律的约束外，更多地受社会道德规范的约束。《学生守则》对学生言论的规范是上述两个方面的集中反映。班主任应该充分利用对《学生守则》的宣传讲解、贯彻和执行，树立健康的集体舆论，从而充分发挥《学生守则》对班集体舆论的规范作用和导向功能。

所谓"不以规矩，不成方圆"。一个集体要维护自己的统一，必须有一定的行为准则与判断标准，这就是集体规范。在班集体建设中，一方面要引导学生学习和遵守中小学生守则和行为规范，同时还要以此为依据，根据班级实际情况，在全体成员的参与下，制订若干合理而且可行的具体条例与规定，如班级公约、课堂常规、学习纪律、卫生公约等，以引导和规范集体成员的日常学习和道德行为习惯。

一个班集体必须建立对其成员有一定约束力的规章制度、管理制度和相应的考核制度。班级制度是学校制度的延伸和具体化，是班级学生共同遵守的公约和准则，因此必须合乎情理。目标要求不能过高，要使大多数学生都能做到，通过制度的约束养成学生健康的集体舆论及行为习惯。

2. 充分发挥舆论工具的作用

墙报、黑板报、专栏等是发挥集体舆论的重要阵地。班级的墙报、黑板报和专栏应该形式多样，内容丰富。既要有对好人好事的赞颂，也要有对不良倾向的批评；既要有对班级各项工作的合理化建议，又要有对国内外新闻、科技知识的介绍等。要对班级中的各种问题开展讨论，吸引学生发表自己的意见或建议。

对此班主任应该给予具体指导，充分利用这些阵地，使它们按照健康的轨道运行。作为一名班主任必须要十分注重在班集体中形成健康的舆论，只有正确把握住舆论的趋向性，才能形成一种良好的班风，建立一个优良的班集体。

3. 时刻关注舆论倾向，随时加强健康引导

班主任要经常注意班级学生的舆论倾向，要有意识地把舆论中心引向健康的方向，不能让不良的风气在班级抬头，占上风。

有效的办法是，表扬好人、好事、好思想，批评或评论不好的事、不好的思想。通过对学生的思想和行为的肯定或否定的评价，以及为什么要肯定或否定，把舆论中心引导到健康的方向上来。

班集体里涌现出的好人好事，只要是好的，不论是大是小，是先进学生做的，还是后进学生做的，都应及时予以表扬。这样有助于树立人人想做好事、争做好事的风气。一个人做点好事并不难，难的是一辈子做好事。所以，班主任要通过各种有效途径养成学生做好事的良好习惯。表扬可以由班主任进行，也可以发动同学互相表扬。对错误的思想行为，也要进行适当的批评。

表扬和批评是把舆论引向健康方向的有效方法，但这种表扬和批评不要轻易地全盘肯定或全盘否定，在表扬中有时需要指出不足之处，在批评

中有时需要提到优点。

4. 大力倡导学生评议教师之风

任何教师都不可能避免学生的评议。学生对教师的评议是多种多样的。有的是在同学好友中，有的是在家长亲友中，有的是在师生中；有的是有组织的，如召开学生座谈会征求学生对教师的意见，有的是自发的。学生所评议的主要是教师的教学和言行等。在由教师和学生双方组成的班级里，教师的思想修养、工作作风、学识能力、一言一行都对学生有重大的影响，对形成健康的集体舆论也有重大影响。

班主任要做到既是教育者，又是受教育者；既是学生的严师，又是学生的益友。要把学生背后自发评议教师，变成面对面有组织的评议教师。要给学生安排时间和机会，鼓励学生给教师提意见和建议。班主任更要率先做起，开展批评和自我批评，大力倡导学生评议教师的风气对树立健康的集体舆论有推动作用。

5. 定期开好各种形式的班会

班会是在班主任领导下进行的学生会议，对于形成班级的集体舆论起着重要作用。班会是教育学生最普遍最有价值的工作方法，也是班集体全体成员的会议，是学生组织生活的一种形式。它的基本任务是讨论班集体工作的任务，讨论集体成员共同关心的问题，开展批评与自我批评。

班会有三种类型：一般性班会、民主生活会和主题班会。一般性班会大多是布置讨论班级的工作，班主任在指导这种班会时，要充分发扬民主作风，尊重学生的独创性；民主生活会主要是开展批评与自我批评，表扬班级涌现出的好人好事，批评各种不良倾向，及时指出和解决班里存在的问题。民主生活会是比较严肃的，班集体的每个成员都可以自由地发表自己的意见。民主生活班会不宜过多，通常以小组过民主生活会为好。主题班会根据班级的情况，提出一个主要问题，通过集中讨论来统一认识，提高觉悟，明确前进方向，树立健康舆论，一般说这是班会的主要形式。

　　如何组织班会，要根据本班的实际情况和学生身心发展情况而定。组织低年级学生的班会，形式要生动活泼，内容要丰富多彩，要尽可能寓教育于活动之中，让这些活动在学生心灵里留下深刻印象，甚至对他们的一生都产生重要的影响。组织高年级学生的班会，除了注意低年级班会的一些要求外，还要注意突出思想性和理论高度。

第五节　合理处置班级偶发事件

偶发事件，是指突然发生在教育教学活动或学生的日常生活当中，严重影响学生个体或班集体的利益与形象，扰乱正常秩序或危及学生安全的事件。由于偶发事件事出偶然，没有预先的思想准备，也往往没有充裕的时间仔细思考处理的对策，因而偶发事件往往都是些棘手的事件。

把所有的偶发事件都看作偶然的、意料之外的，其实并不完全确切，因为偶然之中往往隐含着必然的因素。比如班级工作组织不严密，对学生缺乏全面的了解，班主任的自身素质欠佳等，都容易提高偶发事件发生的频率。处理偶发事件的水平，最容易体现出一位班主任的办事能力、教育机智、理论修养和思想水平。

偶发事件处理得当，可以迅速有效地平息事端，化干戈为玉帛，变坏事为好事，能有效地教育全班学生，提高班主任威信；反之，如果偶发事件处理不当，则极易使局面失控，导致师生冲突，甚至发生难以挽回的恶性事件，伤害学生身心健康，损坏班主任形象。每一位中小学班主任都要认真学习和探讨处理偶发事件的技巧，做好处理偶发事件的心理准备。

班主任在处理偶发事件时，应该遵循以下的基本原则。

1. 冷静沉着的原则

偶发事件因其突发和难以预料，常常令班主任措手不及，心理容易失衡。特别是有些事件纯属学生不讲文明、不守纪律所致，有的甚至是个别学生对教师的"公然挑衅"，很容易使班主任产生"是可忍，孰不可忍"的愤怒情绪，并产生使出"杀手锏"、"杀鸡儆猴"的想法。在这种情况下，班主任产生恼怒、委屈、急躁的情绪是可以理解的，但千万不能失去自制力和理智，因为处理偶发事件的大忌就是缺乏冷静。

首先，通常偶发事件发生后，学生处在不冷静的状态之中，班级气氛也很紧张，学生们都十分关注班主任的态度和情绪。班主任如能遵循冷静沉着的原则，不仅能够稳定事态，同时也是对学生的一种教育和示范，使学生的情绪也趋于平静，这就为处理偶发事件确定了一个良好的开端，打下了一个良好的基础。

其次，班主任如果缺乏冷静，急于解决问题，就会忽视对偶发事件的成因和来龙去脉做认真的了解，就容易偏听偏信、主观臆断，或是只从"现象"来认识和解决问题，就容易急于下结论，急于判断是非。这样就难以把握处理偶发事件的分寸，造成处理不当和失误。所以，当偶发事件发生后，班主任要保持冷静，马上了解情况，认真分析，并把握处理的分寸。

遵循冷静沉着的原则，班主任就要迅速果断地决策，化解激化的矛盾冲突，稳定当事人的情绪，对全班学生（如果涉及面很广的话）提出要求，并随机采取必要的措施。

2. 因势利导的原则

因势利导，建立在班主任全面了解学生的基础上。班主任平时要注意观察了解学生，分析研究学生，积累和占有资料。只有这样，遇到偶发事件，才会心中有数，才会处变不惊，才会找到开启学生心灵之门的钥匙。

要做到因势利导，就必须努力形成较为融洽的师生关系。班主任平时要善于组织各种活动，善于调解学生的矛盾关系，善于排除学生的心理障碍。当偶发事件发生后，要善于与学生沟通，善于取得集体舆论的支持。这样就会便于与学生配合，使学生较容易接受班主任的临时安排，使偶发事件更容易得到处理。

要做到因势利导，班主任就要善于发现和捕捉偶发事件中的闪光点和转化的契机，挖掘积极因素，化不利为有利，把偶发事件的处理迅速纳入最为有利的轨道。

3. 重在教育的原则

偶发事件多半是比较孤立的事件，也多半发生在少数学生身上，但处理偶发事件却要着眼于大多数，提高教育的效能。除了极个别的偶发事件涉及个人隐私、不宜公开处理外，大多数的偶发事件都可以用来"借题发挥"，作为教育的内容。班主任处理偶发事件，不仅仅要解决某个具体的矛盾，教育某个具体的学生，而且要通过偶发事件的处理，使大多数学生总结教训，提高认识，受到教育。

心理学的研究成果也表明，平时学生的心理处于相对平衡状态，偶发事件的爆发使这种心理平衡被打破，这时他们对周围信息反应特别敏感，思想矛盾特别尖锐，是学生最易接受教育的时机。抓住这些时机，常可以收到意想不到的理想的教育效果。因此，处理得当，偶发事件常常成为教育学生的契机。

在坚持以上三条基本原则外，班主任在处理偶发事件时，还必须掌握一些技巧和方法。

1. 降温处理法

降温处理，就是班主任暂时采取淡化的方式，把偶发事件暂且搁置一下，或是稍作处理，留待以后再从容处理的方法。

发生偶发事件后，学生多半头脑发热，情绪不稳，因此很难心平气和地接受教育。班主任也容易心理失衡，较难有充分的教育准备和冷静细致的分析。这样就形成了学生和班主任准备不足的状况，如果贸然实施"热处理"，就难免发生失误或难以取得最佳的教育效果。

因此，对待偶发事件，常用的办法就是冷处理。冷处理是从班主任和学生的心理状态的角度提出的，也是从提高教育效果的角度提出的。实施冷处理，并不是对事件不作处理，也不是拖拖拉拉不及时处理，而是尽量减少偶发事件的负面影响，争取调查了解的时间，等待最佳的教育时机，为全面、彻底解决偶发事件，做好充分准备。

2. 移花接木法

班主任处理偶发事件时，有时会遇到这样的情景，当时所要完成的任务和时间都不允许着手进行偶发事件的调查和处理，而不进行处理又无法平息个别学生的情绪，或是这样的事件原本也不必搞得水落石出，过了一段时间，这样的事件就不再成为"事件"。对此，班主任可用移花接木的方法，利用学生身上的某个闪光点，根据小学生注意力容易发生转移的心理特征，巧妙地把对偶发事件的处理转移到另一件事情上去。

3. 幽默化解法

有些偶发事件，原不必争个曲直长短，但却形成了尴尬的局面，如果非追究下去不可的话，结果只能是越搞越糟。遇到这种情况，聪明的办法就是用幽默来进行解决。运用幽默，不仅是为调节情绪，缓解冲突，更主要的是，它本身就是教育的武器。幽默是智慧的表现，也许能将一场冲突消于无形。

第三章
班主任对学生的教育原则

　　班主任的工作，说到底是对学生进行教育的工作。面对形形色色的学生，班主任首先要做的，就是去了解和研究学生，通过对学生情况的全面把握，才有了进行针对性教育的前提。在具体的教育中，主要是把握民主性、科学性、求实性、创新性等基本原则。但具体到不同的学生情况，则相应地应该采取有侧重性的教育方法。

　　班主任对优秀生、中间生、后进生的教育原则，显然应该是有所区别的。另外对于班主任工作的助手——班干部，班主任也需要有特定的教育方法。随着我国计划生育政策的实施，独生子女成为学生中的普遍群体，针对他们的特殊教育也显得非常必要。

第一节　要了解和研究学生

学生是班集体的主人，但学生的发展又存在着差异，班主任要教育好学生，就得先了解和研究学生，只有全面了解学生，摸清了学生的性格特点、心理状况、各方面爱好，根据采集到的学生信息，采取有针对性的管理方法，才能有的放矢，因材施教，才能实现对本班级规范化、科学化的管理，提高工作质量和效率。

了解和研究学生是班主任工作的第一项内容，也是贯穿于班主任工作全过程的一项内容。班主任了解和研究学生的内容应该是多方面的，既有广度，又有不同的深度；有必须了解、研究的最基本内容，又有需要不断加深了解、研究的深层次的内容。

一般来说，班主任了解和研究学生，主要是关于以下几个方面的内容。

1. 了解学生成长的家庭因素

生长在不同家庭的学生，由于受到家庭环境、家庭经济条件及其家庭成员的影响，其行为习惯、生活作风都不相同。良好的家庭环境、优良的作风，就会对孩子产生积极的影响，使他们茁壮成长；否则，就会对孩子产生消极的影响。家长有良好的思想品德，孩子的思想也往往很高尚；家长言行不正，潜移默化，孩子必定受到不好的影响。

班主任了解学生的家庭因素包括多方面：了解学生的家庭结构；家庭各成员的素质情况，尤其是对学生起主导作用的家庭成员的思想和态度；了解父母的职业、经济状况，他们对子女的期望和教养方式；了解学生在家庭中的地位、居住和学习环境、表现与习惯等。

2. 了解和研究学生的思想动态

中小学生尚未成熟，比较单纯、幼稚；他们每做一件事都会通过一定的形式表现出来。了解学生的思想情况，包括学生对国家大事的兴趣和认识；对劳动、社会活动、社会工作的参与程度；与人相处的态度，如尊重、礼貌、诚实等方面的表现；在公共场所的文明行为等，这样，班主任就能够随时掌握学生的思想动态，注意到学生的行为动机，分析其中的不良因素，有侧重地进行专题教育，防患于未然。

3. 了解和研究学生的学习状况

每位学生的学业成绩不尽相同，即使是同一位学生各科成绩也不一定均衡发展。要全面提高教学质量，使每位学生都学有所得，班主任必须对全班学生的学业情况进行全面了解。了解的内容包括：每位学生的学习动机与学习目的是否正确；学习每门课程的兴趣如何；学习态度是否端正；是否严格遵守学习纪律；学习方法是否得当等。在摸清每位学生的学习状况后，应做大量的疏通、引导工作，让他们端正学习态度，明确学习目的、培养浓厚的学习兴趣，从而全面地提高教学质量。

4. 了解和研究学生的个性特点

每个学生由于先天素质、社会物质生活条件、教育及个人的社会实践、主观努力的不同，在个性特点上都存在着一定的差异。个性是学生情况中最重要、也最能反映学生心理健康状况的指标，因此，班主任就要对每个学生的个性特点进行全面了解，真正地走进学生的群体里，看到他们那色彩斑斓的个性特点。

学生的个性特点主要包括：①个性的倾向性，如需要、动机、兴趣、信念、世界观等，这是个体进行活动的基本动力，是个性结构中最活跃的因素。其中世界观居于最高层次，决定一个人总的思想倾向和行动方向。②个性的心理特征，如能力、气质、性格等，是个体身上表现出来的经常的、相对稳定的心理特点。

5. 了解和研究学生与社会的交往情况

现代社会要求人们具有广泛的社交能力，善于主动地与他人建立良好的协作关系，当今不少国家把培养学生的社交能力列为重要的教育课题。但是，青少年在生活目的、道德信念、思想觉悟等方面还没有完全形成稳定的看法，人生观和世界观还没有完全确立，可塑性极大，在交往过程中所接触的人和事对其品行影响也很大。因此，班主任既要注重培养学生的社交能力，还要了解学生的社交情况，针对学生的交往特点，做好引导与教育工作。

6. 了解和研究学生的工作能力情况

学生在班集体生活中进行着社会角色的学习，班主任要帮助学生适应社会，培养他们较强的工作能力。为此，班主任要了解学生是否具有主动精神，认识问题、分析问题、解决问题的能力如何，领导、决策、组织、指挥、协调等能力怎样等。

根据社会的需求、青少年的心理特点及班级组织的功能，班主任要有意识地培养学生的组织管理能力和社会活动能力，让每位学生通过积极参与班级的组织管理活动，自觉地锻炼、成长，努力使自己成为有理想、有知识、有能力、符合社会需求的建设型人才。

7. 了解和研究学生的兴趣与爱好

兴趣在学生的成长和发展中起很大的作用，既能激发他们的求知欲，又能开阔他们的眼界，丰富他们的生活内容，促进个性的发展，还能促使他们进行创造性的学习和劳动。

学生表现出的兴趣与爱好是广泛的，有的喜欢文学，善于用语言表达思想；有的喜欢绘画、唱歌、舞蹈，具有艺术创作的才能；有的喜欢数学；有的对制作模型、玩具有兴趣；有的擅长体育；有的喜爱集体活动，有较高的组织才能等。这些兴趣与爱好经过科学的有效的培养，就可能取得一定成就。但有些兴趣则对学习不但没有丝毫益处，反而会分散学习精力，影响学业成绩。因此，班主任要全面了解学生的兴趣与爱好，研究构成这些兴趣的因素，并分析这些兴趣是积极的还是消极的，结合学生的身心发展特点，积极引导，培养他们高尚的情趣，促进各方面健康发展。

班主任在了解和研究学生时，应该遵循以下的基本原则。

1．教育性原则

了解和研究是为了教育，了解和研究是为了发展，了解和研究今天是为了明天的美好，在了解和研究中获得了学生各方面内容与信息之后，要进行科学分析，目的是采取正确的教育方法，做到指导得法，教育有效，而不能把了解和研究的目的放在"分类"、"贴标签"上，这样做会极大地挫伤学生的自尊心，陷入教育的误区，这也是教育工作的大忌。

2．全面性原则

了解和研究学生是一个长期的过程，了解和研究的方面也应是广泛的，不仅涉及课内课外，而且涉及校内校外；不仅要了解和研究现在，而且要了解和研究过去。班主任对学生之所以必须有如此既广又深的了解、研究，是因为这些内容是确定教育措施的重要根据，是实现教育目的的根本前提。

3．动态性原则

学生的身心处于不断变化发展状态，因此，班主任要根据学生的年龄特点、个性差异和环境变化等情况，来动态地研究和分析所掌握的材料，采取一切从实际出发、实事求是的态度，研究在新情况下学生接受教育的新特点和新动向，以发展的观点去研究每个学生的问题，那样，教育工作就会有的放矢，更具有针对性。

4．理智性原则

人们常把自己"是否喜欢"作为认识和选择事物的重要标准，以至出现"爱屋及乌"的现象，班主任在了解和研究学生时，也常自觉或不自觉地表现出这种倾向，这就使班主任了解和研究工作染上了感情色彩，结果处理工作往往容易感情用事。因此，班主任在了解工作中应运用理智性原则，全面、辩证、客观地了解事实，分析占有的材料，作出公正的评价，切不可感情用事，主观臆断。

第二节　对班干部的教育

通过对学生的了解和研究，就可以针对学生的具体情况，进行有针对性的教育。本章接下来就针对班干部、优秀生和中等生（后进生的教育在后面有专章介绍）、独生子女这几类具有特性的学生的教育原则进行介绍。这一节先介绍班主任对班干部的教育原则。

班干部是班级工作的"小当家"，是班主任工作的得力助手。班级干部的培养教育不仅关系到班集体建设的质量，也是班主任工作艺术的一个重要体现。

班主任对班干部的使用与培养教育是辩证统一的。一个班集体就犹如一个"小社会"，要管理好它，班主任就要具备很高的素质和多种能力。而班干部不是作为标准合格者担任干部职务的，只不过他们所具有的能力更接近于理想标准而已，因此，要用好干部，先要在培养教育上下工夫。另外，从教育的角度看，班干部不仅仅代表他们为班级承担一种责任，也是学校教育工作的一个途径，是培养教育学生的一个特殊机会。从这个意义上说，班主任任用了一位学生做干部，就意味着对该生承担了更多的教育职责。

能力的培养是对班干部培养教育工作的核心。班主任不能把助手和工具混为一谈，合格的班干部不仅要知道"干什么"而且还要知道"为什么干"和"怎么干"。这就要求班干部要有一定的认识能力、组织能力、交往能力、自制力等多种能力。在这个问题上，班主任不能简单地下达任务和命令，而是注重培养班干部的这些必需能力。

理想的班干部应该具有良好的道德品质和健康的心理素质，能以他们良好的个人修养，稳定、乐观向上的心态，较顽强的意志，赢得同学们的普遍拥戴和尊重；智慧聪颖、有特长，能在某个或某些方面被同学们公认为是"小专家"；有很强的组织、交际、适应能力，工作有独立性、独创性、灵活性。

把班干部培养成什么样规格的人，即培养目标是什么，班主任应该做到心中有数。明确了培养目标就要规划相应的教育内容。在这个问题上应将长期的目标具体化，并且分阶段实现，在各个阶段要坚持基本的原则和方法。

第一阶段是班干部队伍的组建阶段。在此阶段班主任应做好以下工作：①为初任班干部的优点提供发挥的机会，以得到同学们的认可，在树立班干部工作信心的同时为他们打下良好的群众基础创造条件。②在了解情况的基础上，解决班干部们对其工作的认识问题，排除疑虑，增强责任感。③使班干部明确具体工作职责，在班主任的指导下规范地完成本职工作，同时学会处理工作中与其他干部的协调、合作、互助的关系。④培养训练班干部能细致观察工作中出现的问题，并能准确主动地加以概括和分析。

第二阶段是班干部工作的调整阶段。在此阶段班主任应着力做好以下工作：①下力气抓好班干部工作作风的培训，如民主、公正、理智冷静、以身作则、批评与自我批评等。②培养班干部独立主持日常工作的能力，做到有条不紊。③使班干部工作相互协调，做到各司其责，又相互合作。④通过及时总结交流来培养班干部的分析、调整、表达、组织等能力。

第三阶段是班干部能力的提高阶段。班主任的主要工作内容是：①培养训练班干部的设计计划和决策能力，以初步形成班级工作的设计、决策、执行、调整、监控等多方面的综合管理能力。②培养班干部的自我教育能力。③培养班干部独立组织大型的、有特色的活动的能力、培养社会交往联络能力、灵活处理应急事件的能力。

当然，以上分阶段的培养目标和教育内容既不是唯一模式，也不是尽善尽美的经验总结，更不是僵死的教条。班主任应根据班级实际情况，具体问题具体分析，发挥创造性，使班干部的培养教育工作做得更好。

在班干部的培养教育途径选择上，应该坚持以下两条基本原则。

1. 建立健全班干部工作制度

制度能保证工作的计划性、系统性、正规性，在落实班干部培养目标的过程中，通过制度来实现培养目标是十分必要的。这些制度主要有：①组织生活制度；②班干部分工及职责；③对班干部工作的监督评价制度。

著名教育改革家魏书生特别强调"以'法'治班"，他认为：制度越健全，班级教育管理的民主程度就越高。同样的道理，对班干部的教育和培养也应从制度落实入手，养成班干部的民主工作作风，通过对班干部工作的规范、评价、调控实现干部素质的提高。

2. 在工作中对班干部进行培养和教育

在工作中学习，在工作中提高，是培养班干部的一个重要途径。班主任不能总是担心班干部工作做不好，既要把班干部的工作过程作为班级建设过程，又要将这种实践作为班干部工作的"实验操作课"。

班干部工作要有一个逐渐适应、逐步提高的过程，只有进行工作实践，才会发现问题。班主任对待班干部工作中的失误应在信任的基础上给予指导，在为干部承担责任的前提下鼓励班干部发挥主动性、创造性，通过制订计划、实施计划、总结经验、重新工作等程序保证及时发现、调整工作中的问题，及时补救失误造成的影响。

另外，在班干部的培养教育中，班主任可能会遇到各种各样的问题，下面就针对一些常见的问题，给出一些解决方法的建议。

1. 学生不愿当班干部的思想问题

这种思想存在的根源是：①社会上庸俗的人际交往观的影响，如"出头的椽子先烂"等。②错误地看待学习与工作的关系，认为"当班干部会影响学习"。③班主任交给班干部的工作过多地挤占了他们的业余活动时间或只是让班干部做"机器人"似的操作性工作，使班干部的创造性和独立性受到压抑。

解决这类问题应从提高认识入手，班主任可以通过谈心等方式进行正面启发，纠正其错误思想；也可以通过帮助扶持性的工作使班干部在成功中体会班干部工作对自身成长的作用，也可通过调整班主任的工作方法来激发班干部工作的积极性。另外，家庭的干涉也往往是促成此类问题出现的重要因素，因此，班主任要注意做好学生家长的工作，争取家庭教育力量的支持合作。

2. 学生不愿向班主任汇报班级情况

出现这种情况的主要原因是：①怕同学们说自己打"小报告"从而受到冷落。②害羞的心理障碍。③师生感情不融洽。

班主任应分别对待，可以通过班风建设，建立健康的舆论来消除其疑虑，可以通过谈心活动帮助班干部分析汇报工作与打"小报告"的区别所在，提高认识；对"害羞"的班干部可通过训练或心理矫治克服之；对师生感情上的隔阂可以通过真诚的双边交流，消除误解，增进理解。

3. 班干部工作中的不公正、不民主现象

产生这种现象的主要原因有：①工作中夹杂个人感情因素，对待同学有厚有薄。②有些干部把自己看成是特殊学生，形成优越感，产生角色错位现象。

班主任要从加强班干部队伍的自身建设这个高度出发，在班干部的培训工作中，将公正、民主意识作为重要内容。对已出现的问题应及时进行教育和帮助，同时发挥制度的作用，使班干部工作经常处于全体同学的监督评价之下。

4. 班干部的任免

在班干部培养教育过程中，班干部的任免是一个不能回避的问题，同时也是一个非常敏感的问题。班主任在这个问题上必须掌握好"度"，如通过建立班干部任免制度使之成为一件平常而又正常的事，降低学生们对

51

此问题的过分关注，同时对被任免的班干部要给予充分的考察时间，防止班主任自身的工作失误。

另外，班主任要做好被免职的班干部的思想工作，消除其错误思想，也要保证不因任免而出现对学生的错误态度。

第三节　对优秀生的教育

对于优秀生，在教师的心目中，常用"好"字加以肯定；在学校教育中，常以"三好学生"的称号加以认可；在教育理论中，又被称为全面发展的学生。

优秀生固然有其优秀的一面，其发展潜力和可能性很高，在班集体中的作用也很重要，班主任对他们提高要求标准并投注一定的教育力量也是必要的，但在教育实践中，班主任也常出现认识上的偏差导致教育的低效甚至失效，主要表现在以下三个方面。

1. 要求标准上的偏差导致教育方法不科学

有的班主任用过高的标准看待、要求他们，仿佛他们是"不食人间烟火"的神。要知道，优秀生也是学生，有普通人的生理、心理的需求和一定的承受极限；同时，他们的优秀也是相对的、动态的，既存在个性差异，又存在年龄差异，因此对他们的教育要遵循教育规律。

科学的教育体现在开发、引导、支持上，调动他们的主观能动性，而不是靠挤、压、管，对其进行强制的"掠夺性开采"，这样只能导致优秀生生理和心理负担过重，身心的平衡遭到破坏，青春活力受到压抑，出现自身对其潜能的保护性抑制现象。

因此，班主任要特别注意不要将成人的目标强行塞给一个具体学生，要给优秀生自主选择人生奋斗目标的权利，不要将他们对日常生活的支配权全部剥夺，使他们成为"笼中鸟"，还给他们青春的自由，还给他们飞翔的权利；不要强迫压抑他们的天性：他们可能是顽皮的孩子，在课间他们有可能是游戏中的"反面人物"，但这不影响他们在正常的学习生活中是优秀生。当然这些并不意味着对他们放弃教育，而是要使教育更加

53

科学。

2. 教育观的偏差导致教育的失误

班主任应对全体学生负责，对每个学生都应是公平的。"面向全体学生"应是教师职业道德在学生观上的具体体现。同时，就优秀生本身来说，他们的发展也应是全面的，因而对优秀生实施全面的教育才是真正按教育规律办事。

有些班主任在实际工作中却没做到或没做得很好。他们有时牺牲大多数学生的利益，把本应投注于大多数学生身上的教育力量都投注于优秀生身上，搞"特殊照顾"、"开小灶"，这种做法很可能使优秀生心理适应能力的发展受阻，同时造成优秀生在班级交往环境中被孤立和拒绝。

也有的班主任片面追求升学率，只注重优秀生的文化课学习，而忽视对他们品德等方面的培养，或只注重知识的灌输，忽视能力训练，造成他们"高分低能"、"高分低德"，成为畸形发展的人，这是对教育事业极不负责的做法。班主任要对优秀生的发展提出适合他们自身特点的目标，给予符合他们心理特点的关心，采取有利于他们成长的教育方法。

3. "晕轮效应"往往导致教师对优秀生主观印象的绝对化

优秀生的概念是动态的，又是相对的，这两个特点决定了班主任不能把优秀生看成是一件已经完成的"作品"，在他们的发展中也很容易出现一些问题，如爱虚荣、自傲、自私……教师要经常了解他们的学习生活情况，及时发现问题，及时解决问题，以免使优秀生在发展中伏下隐患，导致教育失败。

由于认识偏差的存在和教育方法的失当，或者是优秀生自身存在的问题，优秀生教育中会出现一些"意外"的情况，这就需要班主任掌握处理这些问题的原则与方法。

1. 优秀生存在学习隐患的问题

一些优秀生在其发展的某个阶段上学业成绩突然停滞不前，甚至大幅度下降，尽管采取了许多措施仍不见效果。产生这种现象的主要原因是学生发展中的深层次问题或关键性问题以潜伏的形式存在。这种隐患到了一定的阶段在适当条件下便对学习产生了严重影响。

例如，某学生进入中学后学习非常刻苦，成绩优秀，但到了初二阶段突然大幅度滑坡。经分析，该生进入中学后，没有积极从学习方法上适应中学阶段的学习特点。而在此阶段所有学生也都面临着"适应"的问题，由于该生学习勤奋掩盖了方法上的缺陷，加之其他学生也处于适应阶段，因此当时方法问题就没有在成绩上暴露出来。而到了初二阶段，由于一些学生顺利适应了此阶段，加之学习科目增加，单凭时间和精力的付出便不能达到学习要求，在这种情况下，该生学习方法的不科学便在学习难度加大的情况下以学习效率低的形式表现出来，"只有招架之功，毫无还手之力"。

从这个例子中，我们可以看出成绩有时只是表面现象，班主任如果不从深层次去观察学生、了解学生，不以系统、辩证的思想对待与学生相关的诸多因素，科学地、预见性地引导、教育学生，那么，优秀生很容易在发展过程中出现隐患，使之"夭折"。一般说来，学生每一发展阶段都有其阶段性的发展主题，如初一阶段的适应问题，初二阶段的青春期心理健康问题，初三阶段的职业理想问题。这些问题如不能很好地解决，很容易出现学习成绩在"潜伏期"过后严重阻碍优秀生发展的情况。

2. 优秀生出现的目标冲突问题

一些优秀生有时会出现对学习生活的极度厌烦心理，进取心消退甚至有意放弃学业。这种现象出现的一个重要原因就是对家庭、学校教育的逆反心理。

在优秀生的学习生活中，家庭或教师常主观地为学生制定学习目标、活动计划和职业取向，以为这是对学生负责。而这些各种各样、大大小小的目标是否符合了学生的个性特点，这一点常常被忽略了或被认为是不值得考虑的问题。

其实，人的内在需要才是其自身发展的真正动力，社会需要也好，家庭需要也好，教师的期望也好，只有内化为学生自身的需要才能发挥导向作用，而内化是不能靠包办、强制来实现的。

我们不能否认班主任对优秀生的目标设计有时在一定程度上的合理性，但其不合理之处往往在于所采取的教育方法上。优秀生是有意识、有思想的个体，他们有自己的气质、性格特点，有自己的理想、兴趣、爱好和世界观，这些都是十分宝贵的动力资源，学生的发展目标常以此为依据。如果班主任采取了不正确的教育方法，强行将这些动力资源塞入学生的意识之中，这就势必形成学生思想深处两种目标的对立，引起心理上的矛盾冲突，表现在情感上或犹豫、迷惘、不知所措，或反感仇视、对立、或无可奈何；表现在行为上或漫不经心，强打精神地对待学习，或以放弃、退缩的态度对待学习，轻者自暴自弃，重者出现心理障碍。因此，班主任在培养教育优秀生时，必须讲究教育方法，着重开发他们对学习的内驱力。

3. 优秀生可能出现的角色混乱问题

优秀生和普通学生一样要通过自己的生活实践，在社会交往中倾听别人对自己的看法，通过他人的认同，通过与同龄人的比较，才能逐渐认识到自己是怎样的人。

根据艾里克森的理论，学生在青春期已开始认识到这个问题，个体度过青春期这个阶段越顺利他对自己就越自信、也越现实。否则他便会受到角色混乱的折磨，不清楚自己是什么人，对未来生活也不能适应。此理论受到心理学界的广泛肯定并被大量实验所证明。

在对优秀生的教育中，由于"保姆式"、"放任式"两种极端的教育方式的影响，优秀生也常会出现角色混乱。例如一些优秀生除了会学习外，其他生活能力很差，而教育的错误导向却使他们认为自己应该是这样的，可是进入社会后，"书呆式"的人是不会被社会所接受的。"一个不会自理、不会交往、不会关心尊重他人的人"等诸如此类的评价和原来的自我评价发生了碰撞，各种冲突和压力接踵而至。而实际上不少优秀生在学生时代便已经出现这种角色混乱的情况，导致他们对生活失去理智的适应。

这就要求，班主任培养教育优秀生时，要使其既懂得生活不能缺少制度，又知道如何适度地给他们增加限制，让他们在社会允许的范围内享受民主、认识生活、发展个性，建立对自己、对他人、对社会的责任感，形成对生活的稳定的动力和健康的目标。在这种教育下，优秀生才会有活力而不冲动，有主见而不固执，有权利而又懂得义务，有理想而又不庸俗。

第四节　对中间型学生的教育

中间型学生是指相对于各个特定的发展阶段，其各项素质的总体情况低于优秀生，但其素质的重要方面基本达到了教育目标的学生，他们在学生总体中占大部分。中间型学生存在的主要问题有以下两个方面。

1. 惯性认知的问题

许多中间型学生在认知水平上的特点是其已形成的认知方式、认知能力诸方面的认知品质是有缺陷或不科学的，影响着学生的进一步发展，但由于长期受教育环境的错误强化，使这些认知品质相对稳定，形成了定势，学生自身也在自动化地以这种定势化了的认知结构为基础进行学习，常常意识不到其认知机制运行中的问题，从而形成了惯性认知。

例如，我们在教育中说得最多的是"勤奋出天才"，强化"勤"的一个副作用便是忽视了学习过程中遗传、环境、方法等因素，长此下去，一些学生便把"勤奋"作为提高学习成绩的唯一有效方法，一遇成绩不理想，便不假思索地归因于学习不够勤奋上。

这种惯性认知不但影响着学生的学习成绩，而且影响着学生自我意识的发展。在中间型学生中，这种惯性认知很普遍地存在着。这种惯性认知之所以形成，主要原因在于教育者缺乏必要的教育诊断和培养能力，没有早期发现问题或对发现的问题不能及时、科学地给予矫正。

2. 惰性心理的问题

一些中间型学生在对待学习生活的态度、动机、兴趣等方面的水平不高，其情感表现和意志努力程度也平淡如水，用他们的话说是："不求有功，但求无过"、"60分万岁"，这就是惰性心理。他们对优秀生不羡慕不嫉妒，一般的教育激励和正常的号召很难改变他们甘居中游的心理，他们不拒绝督促，但很少主动。

惰性心理的核心是自卑，而自卑的产生与教育环境、自身心理素质有着密切的联系。中间型学生惰性心理产生原因往往是由于教育环境给予他们的期望值不高。值得注意的是，在应试教育思想的影响下，一些班主任从自己不科学的教育观出发，一旦主观认定学生在学业上没有"培养价值"，便基本放弃了教育，中间型学生便是这种做法的主要受害者。当学生从教育者的表现中看出了其中的"含义"后，往往容易丧失信心，产生自卑感。

另外，学习中遇到的挫折，也是中间型学生产生自卑感，并进而形成惰性心理的原因。许多中间型学生曾很强的进取心，也曾积极努力去进取，但由于遭受挫折后没有得到及时指导，或本人心理承受能力较差，从而导致了自信心不足。如果类似挫折又发生，失败的感受到再次被强化，便极易形成自卑感，使中间型学生一蹶不振，失去奋发向上的动力。

当然，我们在分析中间型学生的特点时也应看到，大多数中间型学生的"中间性特点"不是绝对的，他们具有很强的可塑性。教育家布鲁姆在许多国家进行的教育实验的结果证明只要教学有方，95%的学生都能学好课业（有1%他认为是先天病理缺陷）。因此，对于班主任来说，中间型学生的教育是一项必要而又重要的工作，中间型学生大有潜力可挖。

那么，班主任在培养教育中间型学生时，应该遵循怎样的原则和方法呢？

（1）班主任要提高诊断能力，抓住关键性问题，为教育实施提供科学、准确的依据。

对中间型学生，班主任要透过表面现象（如学习行为、学习成绩等）抓住问题的实质，找出"病源"，通过大量的调查分析，知道他们的问题是源于认知，还是源于自卑；是性格问题，还是气质问题；问题发展的程度，问题的核心在什么地方。否则只看表面，就会导致工作中的"头痛医头，脚痛医脚"行为，而不能从根本上使问题得以解决。

（2）班主任要选择科学的教育方式进行有针对性的教育。

属于认知问题的应通过建设性的谈话，使学生认识到问题所在，通过有计划的训练形成新的认知风格；属于心理问题的，要通过提供具体帮助，进行尝试，获得成功感，逐渐培养起自信心，克服自卑感；属于性格问题的，要通过各方面教育力量的配合，改变其性格中的缺陷；至于气质方面，我国心理学界的研究成果甚少，《中国儿童青少年气质分布与发展研究》课题组经过大量取样调查发现：①胆汁质类型明显受年龄因素的影响，随年龄增长，此类型人数比例下降，其中有从小学五年级至初中二年级呈显著下降趋势；②抑郁质类型易对社会变量比较敏感，随社会变量的不同而引起显著变化。这些研究成果对教育工作具有很高的指导价值。

（3）班主任要平衡投入对学生的教育精力，对优秀生、中间生、后进生同等重视。

班主任在工作中应把"抓两头、带中间"与"抓中间、促优秀、带后进生"的方法结合起来，改变那种对中间型学生间接教育过多，直接教育力量投入不够的倾向。例如，给中间型学生创造更多的表现机会，通过其潜力的挖掘，使其获得成功感；也可以在中间型学生中抓"典型人物"，通过他们的进步唤起其他中间型学生的进取心和竞争意识。

第五节　对独生子女的教育

独生子女问题是一个全球性问题，纵观世界范围内的研究，对独生子女的看法无外乎有两种观点：

第一种观点认为独生子是社会中有"特异性"的"问题儿童"。美国的博哈农曾指出：独生子女在特殊儿童中的比例最大，而且社交性差。德国的内特尔医生通过实验也得出了相同的结论。苏联教育家马卡连科也曾说："甚至在有才能而又关心孩子的父母手中，要教育好一个独子，也是极端困难的工作。"他甚至悲观地认为独生子是社会的"危险物"。近年来我国教育界中也有谈"独"变色的倾向。

第二种观点则对前者持否定态度。美国的芬顿研究了幼儿园到小学的193名儿童中的34名独生子女。用12项指标进行考查，结果并没有发现独生子女与非独生子女存在显著差异。法勃研究独生子女的孤独性，结果也没有发现独生子女与非独生子女的显著差异，反而证明了独生子女在游戏中更多地选择了合作性的游戏。20世纪40年代初，约翰·克苏迪等一些美国心理学家对40万名中学生的追踪调查结果表明：独生子女不是"问题儿童"，相反，独生子女更聪明、更富于创造性、更具有雄心壮志。

以上两种观点，在我国有关学者的研究中均有体现，因此如何看待独生子女的优势和劣势，是独生子女教育中的首要问题。

独生子女的优势在于"独"上，而其发展则取决于教育。独生子女的优势，主要体现在以下三个方面。

（1）遗传优势。从优生学的研究成果表明，头胎的身体素质和智力状况等遗传因素，比后几胎要优越，而独生子女绝大多数是头胎。有人做过研究，独生子女的智商比非独生子女的智商要高，这在统计学上有显著意义的差别，就连博哈农的研究也不得不承认这一点。

（2）经济优势。"一对夫妇一个孩"使家庭能集中力量投资于独生子女的教育上。天津市的一项调查表明：家庭用于独生子女的消费开支远远超过非独生子女，并接近甚至超过家庭人均消费水平。这对儿童身体和智能的发展是有很大好处的。

（3）家庭教育力量优势。由于独生子女"独"的特点，使家庭对子女的期望投注方向由从前的"多项选择"转为唯一性的"单项选择"，同时也使家庭在时间、精力上更有利于对独生子女教育，能使独生子女得到家庭成员专注的爱和各方面的精神满足。例如，在知识上，许多独生子女上小学前就已在家庭的教育下掌握了小学阶段的许多知识。另外，经济优越和教育力量优势共同发挥作用又能为独生子女的多种兴趣、爱好的发展提供保障。

在列举了独生子女的优势的同时，我们也不能否认，许多研究结果也证实了独生子女的确存在着一些具有倾向性的劣势，即特异性。

上海市静安区对独生子女与非独生子女进行了对照调查，选取了八项行为问题：①挑食；②挑穿；③任性，爱发脾气；④不爱惜东西；⑤不团结友爱；⑥胆小；⑦独立生活能力差；⑧不尊重长辈。

调查发现，这八类问题中独生子女所占的比例要远远高于非独生子女。那么，这些问题是不是独生子女的"专利"呢？日本保育会会长、东京都立大学教授山下俊郎指出，从独生子女的整体来看，不存在什么特异性，但根据家庭成员构成类型加以划分，就会显示出特异性。日本学者梅田研究了父母教养态度和独生子女的特异性的关系，他的研究表明，父母对子女的教养态度在儿童的性格形成和发展中起极其重要的作用。

由于早期教育（主要是家庭教育）的失误，独生子女会在非智力因素上出现一些特异性，主要表现为感情易冲动，较任性，注意力不稳定，缺乏忍耐力，难于自制，缺乏恒心。以上特点也导致了独生子女在品德上存在一些问题，如自私、任性、懒散、依赖性大、不知节俭等。

独生子女在发展中出现的这些问题，也影响到学校教育。许多班主任在独生子女教育过程中发现了一些新的问题，主要有以下两个方面。

（1）家庭教育与学校教育出现对立。例如在孩子的发展方向上，家庭教育往往忽视品德的培养。家庭的溺爱,导致独生子女产生拒绝正常的纪律约束和批评教育的不良心理,而家长的教育素质偏低是造成这种现象的重要原因。因此一些班主任感慨地说:原来是家长和我们"两只手"教育孩子,而现在家长有意无意地用他们的"手"削弱、对抗我们的"手"。

(2)学校教育中"重智轻德"、"重分轻能"的倾向,常使独生子女的不良倾向被忽视或被强化。他们的不良个性一方面受失误的家庭教育(虽然不是全部家庭)影响,一方面被受"片面追求分数"左右的学校教育忽视。这个问题带有一定的普遍性,已经引起了教育界有识之士的关注和焦虑。

那么,班主任在独生子女的教育上,应该坚持怎样的原则和方法呢?

1. 着力抓好针对性的教育

首先,教育对象应有针对性。由于家庭教育在独生子女发展中的重要作用,因此将教育对象由学生扩展至家庭应是班主任工作的一项重要内容。有些学校协助班主任工作办起了家长学校,有很多班主任组织了家长委员会并加强了家访工作。

实践证明,班主任在指导家庭教育方面投入力量的增加,既提高了家长的教育素质,又加强两支教育力量的配合,变"离心力"为"向心力",在独生子女的教育方面收到了事半功倍的效果。

其次,教育内容应有针对性。在独生子女的教育内容中,应有计划地针对他们易形成的毛病进行教育设计。如家政教育、艰苦朴素思想的教育、利他行为习惯的培养、生活自理能力的培养等。对家长的教育指导则应侧重于教育思想和观点上。

2. 教育科研与教育实践相结合

独生子女的问题是一个社会问题,具有"复杂"的特性,"经验型"的工作风格是不能适应的。班主任要在工作中探索新路子,解决新问题,就必须由"经验型"向"学者型"转变,通过教育科研活动能够准确、深入地了解班级独生子女的特点,提出由理论作指导的科学的教育方法。

当前，在独生女子教育方面取得成绩的班主任，大多数是在调查、分析、研究以及制订教育计划、实施教育等方面把教育科研作为依托的。许多优秀的班主任在新生入学时就建立了独生子女档案，充分掌握学生的各方面资料，分析学生的个性特点，实施有计划的教育，这些做法是值得借鉴的。

第四章

班主任进行班级安全教育的原则

　　有关部门的统计显示，近年来我国全国中小学生每年非正常死亡人数达 1.6 万之多，平均每天就要有 40 名——相当于一个班的中小学生死于非命。目前，意外伤害已占到 0～14 岁儿童死亡原因的第一位，意外死亡人数占总死亡人数的近 30%。全国每年约有 4000 万中小学生遭受各类伤害，安全问题成为影响中小学生教育的重要因素。在影响安全问题的因素中，最主要的就是安全教育的缺失和不到位。因此，班主任能否做好班级安全教育工作，可以看成是关乎教育成败大局的关键。

第一节　班级公共安全教育概述

中小学生发生意外伤亡的主要危险因素是车祸、跌落、溺水、烧烫伤、中毒、窒息、自杀等。来自教育部的全国中小学生安全事故形势分析报告显示，全国各省、自治区、直辖市上报的各类安全事故中，事故灾难（溺水、交通、踩踏、一氧化碳中毒、房屋倒塌、意外事故）占59%；社会安全事故（斗殴、校园伤害、自杀、住宅火灾）占31%；自然灾害（洪水、龙卷风、地震、冰雹、暴雨、塌方）占10%。其中，溺水占31.25%，交通事故占19.64%，斗殴占10.71%，校园伤害占14.29%，中毒占2.68%，学生踩踏事故占1.79%，自杀占5.36%，房屋倒塌占0.89%，自然灾害占9.82%，其他意外事故占3.57%。报告显示，学生安全意识淡薄是我国中小学生安全事故频发的主要原因。

我国将每年3月最后一周的星期一定为全国中小学"安全教育日"。现在威胁中小学生安全成长的因素日益增多，中小学生安全问题已经成为家长们的"心病"，成为一种"社会之痛"。因此，班主任对学生进行日常安全教育具有极其重要的意义。

班级公共安全教育是在尊重和保护生命的基础上，为保护学生的生命安全，提高学生防范与处理事故能力，提高学生自我保护意识，从而使他们能应对生活中可能遇到的危险处境的教育，是侧重于程序性知识传授以预防生命危险的生存教育。班级公共安全教育也是素质教育的重要内容，其核心是提高学生在应对外界危险处境时的自我保护意识。班级公共安全教育不等于保护教育、自我封闭教育。

班级公共安全教育不光是确保学生身体的安全，更为重要的是确保学生身心两方面的和谐健康，这才是班级公共安全教育的宗旨所在。然而，在对中小学公共安全教育的认识和实施上，却存在着这样那样的问题。

1. 部分学校重管理，轻教育

很多学校仅仅把硬件安全作为安全教育的第一要旨，安全教育仅仅被理解为安全管理。当学校发生安全事故以后，一些学校总是找管理上的漏洞，比如对教师管理学生的责任分工不明确，值日、值勤制度没落实，关键部门、重要环节无专人负责等，其实在事故发生的背后是安全教育的长期缺席。

2. 公共安全教育难以得到家庭及社会的支持

国家为了保护中小学生的安全，采取了许多行之有效的措施，但这些措施在学校的贯彻不到位，究其原因，社会各部门不够重视，互相推诿是很重要的一个方面。另外，社会公众的"模范表率"作用也很糟糕，"5 + 2 = 0"即学校五天的"正面教育"，加上双休日两天的"负面教育"，其教育的效果就是零，有时甚至是负数。

3. 公共安全教育没有突出安全特色

2005 年 11 月 24 日教育部发布的由教育部基础教育司与联合国儿童基金会合作进行的课题《幼儿园、中小学生安全教育管理调查》结果显示：当前中小学生安全教育不仅时间不足、资源匮乏，而且实际演练较少。四成的教师及五成五左右的学生报告学校从未开展过预防灾害的演习活动。实际上，中小学校最常用的安全教育形式就是指导学生阅读安全规则和读本，联系案例引导学生讨论和分析安全问题等。

4. 公共安全教育大多是应景之用

虽然，我国中小学教育被称为"素质教育"，但很多学校仍然以考试为中心，只教给学生考试要用的东西，安全教育大多是应景之用，只局限于纪念日和一两次的活动日。只有在诸如安全教育日，或者某时某地发生了安全事故时，学校才摆出防火知识之类的图表和宣传画向学生传达安全信息。而对于那些校内安全、活动安全、饮食安全、交通安全、自然灾害防范等教育，至今仍是空白。

中小学生生命安全和健康成长，涉及亿万家庭的幸福和正常教育、教学活动的开展与实施。保障中小学生的安全，是家庭和教育工作的首要职责，是全社会的共同责任，是构建社会主义和谐社会的重要基础。因此，中小学公共安全教育是非常必要的。

1. 中小学公共安全教育是保障公民生命、财产安全的需要

一般而言，安全素质就是个人在其成长过程以及社会生活中应当具备的安全方面的知识、技能与意识。对于一个在生理和心理上都处于弱势的中小学生来说，生命成长的每一步都面临着挑战。他们认知能力有限、对事物缺乏判断力，当面临可能的伤害与危险时，往往不能及时做出正确反应。

随着孩子进入幼儿园、小学、中学，其生活范围扩大，独立意识增强，好奇心和求知欲旺盛，什么都愿意自己动手去尝试、去探索，这是他们成长中的进步表现，但在这一阶段各种危险事件也极易发生。健康的身体和安全的环境是中小学生成长的必要条件，也是中小学生从事其他活动的前提，加强中小学学生安全素质的培养与教育有利于每一位中小学生的健康成长。

2. 中小学公共安全教育是维护社会公共安全的客观要求

中小学生的安全素质不仅关系到公民自身的生命、财产安全，还关系到社会的公共安全。例如媒体报道过这样一个案例：一个8岁的小女孩发现母亲在浴室里被泄露的煤气熏倒晕过去了的时候，她用在课堂里学到的知识，首先把浴室的门和窗户打开，接下来想到老师告诉她在这种情况下如果打手机容易引起爆炸，然后她拿着手机到门外给110和120拨了报警求救电话，最后母亲的生命成功得救，这是公共安全教育发挥作用的最生动的例子。

3. 开展公共安全教育有利于青少年的健康成长

开展安全教育可以培养学生做合格、守法的公民；能够教导学生学会

用法律武器保护自己和他人；可以使学生学习更多的安全防范知识，学会在危急情况下进行自我救助。

4. 开展公共安全教育有利于社会环境的净化

中小学生是阳光、雨露、花朵，是家长的希望，是老师的骄傲，更是祖国的未来。为此，我们要让所有的人关心、关注中小学生的成长，为他们的成长营造一个良好的学习、生活环境。对一个社会来说，学校公共安全教育的内容孕育着将来社会人的安全意识，虽然社会上各个行业安全教育的内容不尽相同，但安全意识应在学校期间就进行培养。公共安全教育最重要的时期在学校，特别是幼儿园、小学和中学阶段。

第二节 中小学公共安全教育的内容

公共安全教育的主要内容包括预防和应对社会安全、公共卫生、意外伤害、网络、信息安全、自然灾害以及影响学生安全的其他事故或事件六个模块。重点是帮助和引导学生了解基本的保护个体生命安全和维护社会公共安全的知识和法律法规，树立和强化安全意识，正确处理个体生命与自我、他人、社会和自然之间的关系，了解保障安全的方法并掌握一定的技能。

开展公共安全教育必须因地制宜，科学规划，做到分阶段、分模块循序渐进地设置具体教育内容。要把不同学段的公共安全教育内容有机地整合起来，统筹安排。下面分别将小学 1～3 年级、小学 4～6 年级、初中年级、高中年级的公共安全教育内容重点列出，班主任可根据学校的实际情况加以选择。

1. 小学 1～3 年级的公共安全教育内容重点

模块一：预防和应对社会安全类事故。

（1）了解社会安全类突发事故的危险和危害。

（2）了解并遵守各种公共场所活动的安全常识。

（3）认识与陌生人交往中应当注意的安全问题，逐步形成基本的自我保护意识。

模块二：预防和应对公共卫生事故。

（1）了解基本公共卫生和饮食卫生常识。

（2）了解常见的肠道和呼吸道等常见疾病的预防常识，养成良好的个人卫生和健康行为及饮食习惯。

模块三：预防和应对意外伤害事故。

（1）学习道路交通法的相关内容，了解出行时道路交通安全常识。

（2）初步识别各种危险标志，学习家用电器、煤气（柴火）、刀具等日常用品的安全使用方法。

（3）初步具备使用电梯、索道、游乐设施等特种设备的安全意识。

（4）初步学会在事故灾害事件中自我保护和求助、求生的简单技能，学会正确使用和拨打110、119、120电话。

模块四：预防和应对自然灾害。

（1）了解学校所在地区和生活环境中可能发生的自然灾害及其危险性。

（2）学习躲避自然灾害引发危险的简单方法，初步学会在自然灾害发生时的自我保护和求助及逃生的简单技能。

模块五：预防和应对影响学生安全的其他事件。

（1）与同学、老师友好相处，不打架，初步形成避免在活动、游戏中造成误伤的意识。

（2）学习当发生突发事件时听从成人安排或者利用现有条件有效地保护自己的方法。

2. 小学4~6年级的公共安全教育内容重点

模块一：预防和应对社会安全类事故或事件。

（1）认识社会安全类突发事故或事件的危害和范围，不参与影响和危害社会安全的活动。

（2）自觉遵守社会生活中人际交往的基本规则以及公共场所的安全规范。

（3）学会应对可疑陌生人的方法，提高自我防范意识。

（4）了解应对敲诈、恐吓、性侵害的一般方法，提高自我保护能力。

模块二：预防和应对公共卫生事故。

（1）加强卫生和饮食常识学习，养成良好的个人卫生和健康的饮食习惯。

（2）了解常见病和传染病的危害、传播途径和预防措施。

（3）初步了解吸烟、酗酒等不良习惯的危害，知道吸毒是违法行为，逐步形成远离烟酒及毒品的健康生活意识。

（4）初步了解青春期发育基础知识，形成明确的性别意识和自我保护意识。

模块三：预防和应对意外伤害事故。

（1）培养遵守交通规则的良好习惯，形成主动避让车辆的意识。

（2）提高自我保护意识，了解私自到野外游泳、滑冰等活动的危害，学习预防和处理溺水、烫烧伤、动物咬伤、异物进气管等意外伤害的基本常识和方法。

（3）形成对存在危险隐患的设施与区域的防范意识，了解与学习和生活密切相关的特种设备安全知识。

（4）学会有效躲避事故灾害的常用方法和在事故灾害发生时的自我保护和求助及逃生的基本技能。

（5）初步了解与学生意外伤害有关的基本保险知识，提高保险意识。

模块四：预防和应对网络、信息安全事故。

（1）初步认识网络资源的积极意义和了解网络不良信息的危害。

（2）初步学会合理使用网络资源，努力增强对各种信息的辨别能力。

（3）学会控制自己的行为，防止沉迷网络游戏和其他电子游戏。

模块五：预防和应对自然灾害。

（1）了解影响家乡生态环境的常见问题，形成保护自然环境和躲避自然灾害的意识。

（2）学会躲避自然灾害引发危险的基本方法。

（3）掌握突发自然灾害预警信号级别含义及相应采取的防范措施。

模块六：预防和应对影响学生安全的其他事件。

（1）形成和解同学之间纠纷的意识。

（2）形成在遇到危及自身安全时及时向教师、家长、警察求助的意识。

3．初中年级的公共安全教育内容重点

模块一：预防和应对社会安全类事故或事件。

（1）增强自律意识，自觉不进入未成年人不宜进入的场所，逐步养成自觉遵守与维护公共场所秩序的习惯。

（2）不参加影响和危害社会安全的活动，形成社会责任意识。

（3）理解社会安全的重要意义，树立正确的人生观和价值观。

（4）学会应对敲诈、恐吓、性侵害等突发事件的基本技能。

模块二：预防和应对公共卫生事故。

（1）了解重大传染病和食物中毒、生活水污染的知识及基本的预防、急救、处理常识；了解简单的用药安全知识。

（2）了解青春期常见问题的预防与处理，形成维护生殖健康的责任感。

（3）了解艾滋病的基本常识和预防措施，形成自我保护意识。

（4）学习识别毒品的知识和方法，拒绝毒品和烟酒的诱惑。

（5）了解和分析影响生命与健康的可能因素。

模块三：预防和应对意外伤害事故。

（1）增强自觉遵守交通法规的意识，主动分析出行时存在的安全隐患，寻求解决方法，防止因违章而导致交通事故的发生。

（2）正确使用各种设施，具备防火、防盗、防触电及防煤气中毒的知识技能。

（3）了解和积极预防在校园活动中可能发生的公共安全事故，提高自我保护和求助及逃生的基本技能。

模块四：预防和应对网络、信息安全事故。

（1）自觉遵守与信息活动相关的各种法律法规，抵制网络上各种不良信息的诱惑，提高自我保护和预防违法犯罪的意识。

（2）合理利用网络，学会判断和有效拒绝的技能，避免迷恋网络带来的危害。

模块五：预防和应对自然灾害。

（1）学会冷静应对自然灾害事件，提高在自然灾害事件中自我保护和求助及逃生的基本技能。

（2）了解曾经发生在我国的重大自然灾害，认识人类活动与自然灾害之间的关系，增强环境保护意识和生态意识。

模块六：预防和应对影响学生安全的其他事件。

（1）了解校园暴力造成的危害，学习应对的方法。

（2）学会克服青春期的烦恼，逐步学会调节和控制自己的情绪，抑制自己的冲动行为。

（3）学会在与人交往中有效保护自己的方法，构筑起坚固的自我心理防线。

4. 高中年级的公共安全教育内容重点

模块一：预防和应对社会安全类事故或事件。

（1）自觉遵守与生活紧密相关的各种行为规范。

（2）了解考试泄密、违规的相关法律常识，养成维护考试纪律和规范的良好行为习惯。

（3）自觉抵制影响和危害社会公共安全的活动，提高社会责任感和国家意识。

（4）基本理解国际政治、经济、宗教冲突现象，努力维护国家和社会的稳定与团结。

（5）继承和发扬中华民族传统优秀文化，汲取其他国家文化的精华，抵制不良文化习俗的影响。

模块二：预防和应对公共卫生事故。

（1）基本掌握和简单运用突发公共卫生事件卫生应急的相关技能，进行自救、自护。有报告事件的意识和了解报告的途径和方法。

（2）掌握亚健康的基本知识和预防措施，了解应对心理危机的方法和救助渠道，促进个体身心健康发展。

（3）掌握预防艾滋病的基本知识和措施，正确对待艾滋病毒感染者和患者。

（4）自觉抵制不良生活习惯和行为，具备洁身自好的意识和良好的卫生公德。

（5）了解有关禁毒的法律常识，拒绝毒品诱惑。

（6）学习健康的异性交往方式，学会用恰当的方法保护自己，预防性侵害。当遭到性骚扰时，要用法律保护自己。

模块三：预防和应对网络、信息安全事故。

（1）树立网络交流中的安全意识，养成良好的网络利用习惯，提高网络道德素养。

（2）牢固树立不利用网络发送有害信息或进行反动、色情、迷信等宣传活动以及窃取国家、教育行政部门和学校保密信息的意识。

模块四：预防和应对自然灾害。

（1）基本掌握在自然灾害中自救的各种技能，学习紧急救护他人的基本技能。

（2）了解有关环境保护的法律法规，能结合当地实际情况，为保护和改善自然环境做贡献。

模块五：预防和应对影响学生安全的其他事件。

（1）自觉抵制校园暴力，维护自己和同学的生命安全。

（2）树立正确的安全道德观念，在关注自身安全的同时，去关注他人的安全，并提供力所能及的援助。

第三节　班级日常安全教育

要抓好学生的安全教育，重要的是开展好班级安全教育。班主任不能对安全教育工作掉以轻心，以为只要把安全条例张贴在教室中，只要给学生说过，甚至于只要在自己的安全工作日记中记录着就行了。班主任对班级进行日常安全教育，需要做到以下几点。

1. 利用专门的安全教育课进行安全教育

国家教育部颁布《学生伤害事故处理办法》后，许多学校新开设了一门面向班级全体学生普及基本安全常识的课程——安全教育课。该课程一般有 10 个课时左右的教学时间，配备地方教材或校本教材，科任教师常由班主任担任。它使得班主任有了较为固定的对学生进行系统安全常识教育的时间。

2. 开展安全教育主题班会

这是班主任最传统和最常用的安全教育方式。其具体实施除了宣读安全守则、联系案例引导学生讨论和分析安全问题等方法外，还可进行如下创新：①在学生刚入学时，带他们去熟悉校园环境并实地进行安全教育。②开展"找身边隐患"的主题活动，让学生找出自己学习、生活过程中可能出现的安全隐患并提出防范整改措施。③组织开展以紧急疏散、人工呼吸、烫伤救护和预防自然灾害等为内容的安全演习或模拟情境训练活动，提高学生的防灾自救能力。④外出活动前针对活动特点组织专项安全教育，告诉学生如何防范和应对可能出现的摔伤、走失、交通、溺水等事故。

3. 成立班级安全领导小组，完善制度

成立以班主任为组长，班长为副组长，劳动委员、体育委员、各宿舍长等为成员的班级安全领导小组及事故处理小组，班主任负责全面安全工作，各班干部、宿舍长等具体负责某一时段的安全工作，如体育委员负责体育活动中的安全工作，宿舍长负责所住宿舍的安全工作等。制订和完善班级的安全管理制度，在教室、寝室、卫生、财产、放假等各方面均应有明确的安全规定。安全管理制度要落实到人，如宿舍长的职责之一就是在寝铃响 10 分钟后，若有同学未回寝室要及时向班主任报告等。

4. 让学生进行自治管理和自我评价

班主任不可能也做不到一天 24 小时都跟着学生，只有充分调动班级学生自我管理的力量，构建安全自治管理模式，才能做到时时有人巡查安全漏洞、处处有人监控安全隐患。因此，班主任应在班级中建立诸如安全隐患排查小组、学生矛盾纠纷监控小组、学生行为规范督查小组、事故应急处理报告小组等自治组织，通过这些组织掌控班情，及时发现和排除安全隐患。

可以在班主任的直接指导下，每周由班长主持召开班级民主生活会，在会上通报学生一周的表现情况，表扬安全意识强、自我防范做得好的学生，对存在的不安全行为、隐患等提出严肃批评。同时学生们在会上展开批评和自我批评，共同商讨制定有效的安全措施。有条件的应制定和实施"学生自我评价体系"，让学生每天从遵章守纪、行为安全、值班值日、学习进步、为班争光等方面进行自我评价并填写自我评价表，班主任定期对得分靠前者给予奖励。

上面四点就是班主任对班级进行日常安全教育管理的方法，除了要掌握方法外，还需要掌握必要的技巧，具体地，就是要做到"五要"。

1. 嘴要多讲

安全工作要不厌其烦地反复宣讲，时时处处向学生敲警钟。讲的内容

可以是事例，也可以是方法；讲的场合可以是专门的（如安全教育课上和主题班会上），也可以是临时的（如学生宿舍查房时、课堂教学下课前）。

2. 腿要勤跑

虽然学生大部分时间是在课堂上度过的，但千万别忘了课余时间，许多安全事故都发生在课余时间。如果认为学生休息了，班主任也该休息，管理上的"真空时段"最易造成学生失控出乱。因此，班主任要多牺牲休息时间，在课余勤跑班级教室、学生宿舍，一来可以进一步了解学生的动态近况，二来可以及早发现和处理安全隐患，做到"勤到位，早准备"。

3. 心要仔细

班主任在安全教育管理方面要做个有心人。如在平时为学生提供天气预报资料，提醒学生保暖防寒；在恶劣天气到来之前，提醒学生尤其是路途较远的学生注意交通安全。又如平时要注意资料的搜集，特别是违纪、生病学生的资料要尽可能搜集详细；当学生打电话请病假、事假时，班主任要留个"心眼"，及时电话联系家长，以证实学生的言行。

4. 要多鼓励

心理学研究表明，鼓励可以起到增加行为次数和行为效果的作用。班主任对待学生要讲究艺术，多一些鼓励，少一些指责；跟学生交往要民主平等，多一些沟通，少一些训斥。班主任只有取得学生的信任和尊敬，才能够依靠学生及时发现和消除班级中存在的安全隐患。如果班主任专盯学生的不足和缺点，不断地冷嘲热讽，学生就会丧失自信，严重的将自暴自弃，厌学逃课，自杀轻生。其结果反而是增添班级安全隐患，酿成班级安全事故。

5. 要多沟通

首先是与班级学生的沟通。当学生之间存在矛盾摩擦时，班主任要沟通在先，消除隔阂，争取将事故消灭在"萌芽"状态；其次是与科任教师的沟通。请科任教师在教学中注意观察学生的言行及情绪，发现学生有反常情绪或异常行为要及时同班主任"会诊"并"对症下药"。再次是与学生家长的沟通。把学校的安全管理要求、学生的近期表现等事项告知学生家长，最大限度地争取学生家长的理解、配合和支持。最后还要与学校相关部门沟通。如要求学生管理部门组织开展专项安全教育、隐患排查活动；要求相关部门排除班级教室和宿舍中门窗、床铺、水电、地板、天花板等方面的安全隐患等。

　　班主任对班级进行日常安全教育，最主要是使学生树立安全意识，这对学生来说是非常重要的。一般来说，班主任应该帮助学生树立的安全意识主要包括交通安全意识、活动安全意识、饮食安全意识、交际安全意识和网络安全意识。下面介绍前面四点，第五点在下一节进行专门介绍。

1. 班主任帮助学生树立交通安全意识

　　随着城市交通迅速发展，马路上车辆越来越多。如果学生在马路上行走不留心的话，极易发生交通事故。我们经常发现，在校门口或马路的十字路口，一些同学过马路时埋头飞奔；在公交车候车处，车未停下，学生蜂拥而至，你推我搡，场面混乱不堪……这些都是安全隐患。

　　班主任要提醒学生平时做到：走路走人行道，不在马路上玩耍；过马路走斑马线，注意来往车辆；在十字路口，做到红灯停、绿灯行；不足12岁不骑车上街，骑车不带人，不骑飞车；乘车时，不向窗外招手探头，乘车抓紧扶手、车停稳后再上下车。班主任要教育学生不仅自己要遵守交通法规，而且发现有人违反交通规则，要及时地劝阻。

2. 班主任帮助学生树立活动安全意识

　　在校内外，我们常看到一些学生不是这个手摔伤，就是那个脚划破，不是这个腿蹭破皮，就是那个没有按时回家，让家长担心不已。这些都是因为没有注意活动安全造成的。

对此，班主任要提醒学生：在学校，课间不要追逐打闹，更不能攀爬阳台、楼道栏杆；大扫除时，严禁爬上窗台擦玻璃；上下楼须靠右，做到轻声慢步，严禁在楼道里打闹、推撞；严禁在楼道上做任何危险的动作。在社会上，要远离建筑工地、车多人多的道路等存在安全隐患的场所；不到深坑、池塘、水沟、河流等不安全的地方玩耍；不玩火，不燃放烟花爆竹；不进入网吧、电子游戏厅等未成年人禁止活动的场所。如果出门一定要告知父母和谁在什么地方玩，更不要很晚才回家。

3. 班主任帮助学生树立饮食安全意识

俗话说，病从口入。生活中食物中毒的事件屡见不鲜。因此，班主任要教育学生购买袋装食品时要看清楚生产日期、保质期、生产厂家及地址，不购买"三无"食品；不在校门口和街头流动摊点购买零食，防止误食不卫生食品、过期变质食品，造成食物中毒；养成良好的个人卫生习惯，饭前便后要洗手。

4. 班主任帮助学生树立交际安全意识

某市一所小学曾发生了一起学生在上学途中遭人绑架后失踪的事件。为什么会发生这样的事件呢？学生在遇到这种意外伤害时应该如何防范？重要的一点就是班主任要不断培养学生的自我保护意识、提高自我保护能力，有效地避免和预防意外伤害。班主任要教育学生不跟随陌生人外出游玩，不吃陌生人给的东西，不让陌生人随便出入家门等。

第四节　学生网络安全教育

进入 21 世纪，互联网已经成为现代人学习知识、获取信息、交流情感、开发潜能和休闲娱乐的主要平台。处于扑面而来的网络时代，未成年人"触网"率迅速上升，网络冲浪早已悄然走进了中小学生生活之中。

据中国互联网信息中心的统计结果，我国网民中，10～19 岁网民所占比重为 35.2%，是互联网最大的用户群体，排在第二的是 20～29 岁网民，所占比例为 31.5%。从职业结构上看，网民的最大构成群体是学生，所占比重高达 33.2%，排在第二的是企业一般职员，所占比例为 15%。面对不可阻拦的学生上网热潮，如何进行正确引导和规范，已成为当前家庭、学校、社会共同关注的问题。

网络以传递信息的丰富性、多元性、快捷性、时效性，为中小学生提供了一个了解当今世界的崭新窗口，他们借助网络可以自主地获取多方面的学习资源，这为拓展中小学生适应未来的知识面和学习能力创造了条件，而他们在网上冲浪的学习实践也掌握了一些网络技术，初步形成一定的"信息素养"，也就是网络社会的基本生存本领。

也正是因为网络的这种神奇魅力，使得求知欲旺盛、好奇心强、追求时尚的中小学生对上网趋之若鹜。网络文化具有开放性、自主性和虚拟性等特点，中小学生心理发展还处于不成熟的阶段，控制能力差，网络所表现出来的局限性以及中小学生所独有的发展特点，给中小学生的心理造成了一些负面的影响。

网络对中小学生的危害主要包括网络游戏、网上色情和网上聊天三个方面。网络世界充满刺激、惊险和浪漫，使许多学生一旦接触，便深陷其中而不能自拔，因而它们又被称作"电子海洛因"。迷恋网络，会使得中小学生身体受到伤害，心理负担加重，并且可能由此导致中小学生滋事生非，甚至放弃学业，另外，一些上网场所存在的安全隐患也威胁着中小学生的生命安全。

针对这种情况，班主任必须指导学生正确使用网络，对学生进行网络安全教育。班主任要有信息资源的意识、网络教育意识，尤其在教育教学中对中小学生进行网络心理健康教育。

网络心理健康教育是计算机网络和心理教育的整合，是心理教育的新方式，同时又是解决新时期中小学生出现的新问题的最好途径。对于迷恋网络的中小学生，不宜采取制止、打击、"一刀切"的方式，要学会积极引导，对其进行网络心理健康教育，教学生学会积极面对，从而树立正确的网络观念，让网络为自己的成长发挥积极作用。建立心理健康教育网站，为中小学生心理导航。

总之，班主任要注意通过系统的教育，使广大中小学生不断增强网络安全与道德意识，培养良好的网络安全与道德素质，自觉抵制网上的不良行为和信息，做一个网络信息时代有理想、有道德、有文化、有纪律的合格网民。

1. 对学生进行网络素养教育，不断提高自身素质

作为班主任，应通过人物采访、辩论会、主题班会等形式加强学生思想道德建设，使其树立正确的人生观、世界观、价值观，同时加强自律与他律，使他们具有一定的控制能力、辨别能力。除此之外，对学生进行网络素养教育，使学生自觉遵守网络道德规范，增强自我保护意识，引导学生正确认识网络，提高学生的信息道德意识，同时培养孩子分析互联网信息的能力及创造性地使用网络的能力。

班主任要有超前意识，不断学习，拥有更高的信息素养，从网络中发现更多积极的因素，因势利导，引导学生正确认识和评价网络。如推荐适合学生浏览的文学、科普网站，当学生遇到难题时，指导学生在网上搜索答案，这不但能帮学生解答相关问题，而且提高了他们使用网络的能力。

2. 转换角色，以爱感染学生

帮助学生戒除网瘾的秘诀是用平等的沟通方式走进孩子的心灵，然后因势利导，对症下药。对沉迷于网络的学生，班主任要给予尊重，了解其心态，在建立共同语言的基础上，与学生一起探讨网络、网络游戏等的积极与消极作用，分析网络的利弊，切忌态度粗暴地对待上网学生。

班主任应以知心朋友的身份与孩子沟通，帮他们分析为什么会长期玩游戏，这样带来的问题会是哪些，分析出学生的兴趣点是什么，帮他们从网络的兴趣点转移到其他方面，有时也要看他们遇到了什么困难，有针对性地引导他们。有了对网络的正确认识，学生就会逐渐形成理性的选择，对自己的行为有所控制。

3. 与家长及时沟通

父母的情操、性格、文化素养会对孩子产生潜移默化的影响。据调查，有29%的孩子选择在家中上网，所以父母更有责任指导孩子如何正确使用网络。班主任可以以家长会、家访等形式及时与家长沟通，正确对待孩子上网现象，科学教育自己的孩子。

班主任可以建议家长们不妨放下对网络的成见，和孩子一起上网，这样既能对孩子的网络行为适当加以引导，又能提高自身信息素养。对于痴迷网络的孩子，家长应给予更多关爱和督促，对其出现的反弹问题，也需要师长们不厌其烦地做工作。

4. 让网络成为学生进行研究型学习的工具

应该让学生知道，聊天只是网络功能极小的一个部分，让他们学习更多的关于网络的知识，学会在网络中学习的能力，拆去他们头脑中网络等于聊天那个等号，使网络真正地成为他们学习、生活的得力助手。

对于学生的教育，除了课堂教学这个渠道，还要以活动训练为载体，如举行"主题导航"活动，由班主任提出正确、可行、有趣味的主题，让学生利用网络搜集相关资料，制成电子作品，班主任组织展示、评选；如指导学生利用电子邮件给老师发电子贺卡，给同学发生日贺卡，给远方的亲人发节日贺卡等；如运用 BBS 论坛让学生上网发布自己对某一历史事件、某一国内外大事的看法，提出自己的观点，并在同学之间进行信息交流和开展主题讨论。通过这一系列的教学活动，将课本知识与网络资源有机地结合起来，在动手实践中进一步培养学生对知识的运用能力，从而达到使学生利用网络资源进行学习的目的。

班主任可以设法建设一些受学生欢迎的网站、收集学生常用网址，为学生主动提供一些优秀、合适的网站，可以节省大量上网时间，并能使学生建立良好的上网习惯。学生在探究性的学习过程中会感受到网络所带给他们的精彩，也清楚上网应有节制，进而达到自我克制的目的。

5. 在网络上建立老师与学生、同学之间的联系

班主任还可以通过博客等形式，在网络上和学生建立联系，通过网络展开各种讨论，还可以让同学之间在网上交流。同龄人的交谈更无距离感，也容易被认可。网上的交流可以避免面对面的尴尬，进行心与心的交流，效果也会很好，这种交流方式本身就是一种正确使用网络的教育。

第五章
班主任进行表扬与批评的艺术

　　班主任对学生的教育中，不能缺乏表扬教育。班主任把表扬运用得恰到好处，不仅能够使学生充分建立起自信，而且还会诱发出其内在的克服困难、积极向上的激情，同时还会在班级这个集体中使良好的道德行为得到及时推进和强化。

　　班主任对学生的教育中，同样不能缺少批评教育，批评和表扬结伴而行，相融而生。批评是一剂苦药，有时是一剂学生不得不服的苦药。班主任通过批评及时指出学生的缺点和不足，长善救失，帮助学生自觉抵制各种消极因素的影响，能激励学生上进，培养学生健全的人格，使学生能够自觉地坚持在德、智、体等方面全面提高自身修养，使他们健康活泼地成长。可以这样说，表扬艺术与批评艺术是班主任必须掌握的最基本的能力。

第一节　班主任的表扬艺术概述

表扬是对学生好的思想和行为给予肯定的评价，其目的是使受表扬的学生明确自己的优点和长处，并得到进一步的巩固和发扬，它是一种积极的"强化"，是调动学生积极性的重要手段。

罗曼·罗兰说得好："要散布阳光到别人心里，先得自己心里有阳光。"表扬就如和煦的阳光，能使濒临枯萎的小树重现生机，能使学生在阳光灿烂的日子里健康成长。美国著名作家马克·吐温曾经夸张地承认，一句好的赞词能使他不吃不喝活上两个月。绝大多数人的内心都有这样一种隐秘，都想时常得到别人的赞许。对别人成绩的称赞，既是一种鼓励和肯定，又是一种信任和友好。

心理学研究表明，对人们的良好思想和行为作出肯定的评价，能使人产生愉快的情感体验，受到鼓舞，焕发更大的积极性，学生尤其如此。当学生受到表扬时，他会感到班主任和同学们都很器重他，爱护他，这样，师生关系就有可能向好的方向发展。

教育实践证明，一些后进生正是通过老师恰当的表扬，燃起了希望的火花，扬起了生活的风帆，从感情上信赖老师，接近集体，产生积极向上愿望的。

表扬更为深远的影响是，它能使学生体验到一种自尊感和成功的喜悦，从而激发出追求新的目标和新的成功的强烈要求和愿望。表扬不仅影响着受表扬者，还会教育其他学生，使学生从中辨别什么是好的和应该怎样做，引导学生去重复社会所赞许的行为。因此，表扬是良好行为的强化剂，是教育活动中常用的正面激励方式。

班主任的表扬艺术，是班主任的工作艺术之一，它是由班级教育教学管理工作的特殊性所决定的。班主任的辛勤培育，使班集体和学生取得了成绩，班主任对其表扬应遵循哪些原则，才能做到有理论依据；采用哪些途径和方法，才能使表扬恰到好处，取得最佳效果；表扬应注意哪些问题，才能使学生再接再厉，取得更大成绩。这就是班主任表扬艺术的研究范畴。对于表扬，我们不能肤浅地去理解，泛泛地去运用。表扬也不是万能的，表扬也有无效的时候，表扬更有其内在的规律和需要注意的事项。

随着现代教育理念的引入，越来越多的班主任在工作中更加注重"以人为本"和"情感管理"，注意运用表扬艺术激发学生的潜能，然而表扬艺术运用效果如何，还有赖于表扬艺术的正确运用。

班主任的表扬艺术就其对象来说，包括班主任对班干部的表扬，对优秀学生的表扬，对后进生的表扬，对一般学生的表扬和对班集体的表扬等几个方面。

第二节 班主任对班集体的表扬艺术

班级是学校教育教学的基本组织形式，它在班主任的组织、领导下，开展有教育意义的各项活动，在集体活动中学习文化科学知识，陶冶道德情操，树立正确的人生观和价值观，培养主人翁意识和民族责任感，使每一位学生将来都成为祖国建设的栋梁之才。

班主任对班集体的表扬，应该遵循如下的原则。

1. 以鼓励为主的原则

班级取得的成绩是班主任和全体学生集体劳动的结晶，共同努力的结果。班主任面对集体成绩，要予以充分肯定，给学生以极大的鼓励，激发学生强烈的集体荣誉感和向心力。同时给学生指出新的奋斗目标。

2. 正确估价班集体的原则

班主任要实事求是地辩证地对待自己的班级所取得的成绩，表扬时既不夸大也不缩小。在鼓舞学生肯定成绩的同时，要与兄弟班级相对照，查找存在的差距与不足。只有这样，才能做到知己知彼，减少班级工作中的盲目性，为制定班集体新的奋斗目标奠定基础。

3. 增强集体荣誉感的原则

班集体是班主任经长期的组织培养教育所形成的集合群体，班主任要引导学生总结本班以往所取得成绩的原因，要向学生经常灌输"一人光荣一点红，全班光荣一片红"的集体主义思想，使学生深深感到生活在这个集体中是荣幸的，值得骄傲的，更增强学生为集体争作贡献的激情。

4．增进集体凝聚力的原则

集体的凝聚力就是集体的吸引力。这种吸引力来自于班主任的表率作用——真正成为班集体的主心骨；来自于班主任对全班学生积极性的调动。表扬班干部，促使他们更热心为学生服务，成为学生的知心人。表扬优秀学生，激励他们成为班集体经常立得住的楷模。表扬一般学生和后进生，激发他们积极进取，克服不足，积极为班集体作贡献。来自于班主任为学生创造一个健康、活泼、向上的集体环境，使学生个个想着这个集体，人人爱着这个集体。

5．培养学生竞争意识的原则

竞争，是人类和自然界普遍存在着的规律。没有竞争就没有生存，没有进步，就没有发展。班主任表扬学生，要侧重培养学生树立竞争意识，促使学生不断地探索，不断地发展，不断地进步。但要经常教育学生，竞争不是个人的争强好胜，不是小团体意识的利己主义，而是群体智慧的相互的推动力。

班主任对班集体的表扬，主要有以下方法。

1．班队会上的表扬

班集体在学校各项活动中取得成绩，师生都受到鼓舞，这正是班主任对全班学生进行集体主义教育的好机会。班主任要利用班队会，对班集体进行表扬。正确估价班集体的长处，发扬优点，以增强学生的集体荣誉感。

2．总结会上的表扬

班主任利用周末、月末及各项活动的总结会，对班级所取的成绩予以充分肯定，向全班学生提出表扬。表扬的材料和内容，班主任要在会前组织召开班干部会议，对班集体所取得成绩逐项加以分析，让班干部做好会议记录。班主任在对班集体成绩表扬的同时，还要为集体制订新的工作计划，提出新的奋斗目标。

3. 活动中表扬

班级集体是在活动中存在，在活动中发展的。学生也只有在活动中才能得到培养、锻炼、提高。班集体在活动中取得了成绩，班主任要及时表扬，鼓舞士气，培养学生的集体主义思想。

班主任在对班集体的表扬中，应该注意以下问题。

1. 注意培养班集体领导核心问题

班集体领导核心的建立，是学生思想稳定、朝气蓬勃、团体向上的根本保证。班主任要加强班干部的团结，教育班干部互相学习，取长补短，统一在班主任领导下，团结一致地为全班同学工作，为全班同学服务，这是建立领导核心的基础。

班主任还要通过表扬，在学生中树立班干部的威信，使其受到同学们的信任和在工作中得到全班同学的支持。

2. 注意对后进生的教育

班主任要满腔热情地关怀、帮助后进生，热情表扬他们所取得的成绩，鼓励他们进步，使后进生树立新的形象；对他们的缺点和不足，班主任要给予及时、严肃、耐心的批评教育，做到表扬与批评有机的结合。

3. 注意培养和树立良好班风问题

班风，是班主任和全班学生共同培养和树立起来的优良作风。优良的班风是班集体最宝贵的精神财富，它的教育力量是无穷的，又是巨大的。

班主任要善于发现和培养学生在集体活动中涌现出来的好风气，如勤奋好学、助人为乐、遵纪守法、文明礼貌、学生所取得的突出成绩，热情表扬，及时鼓励，使良好的班风得以树立，班集体的荣誉得到巩固和发扬。

4. 注意协调关系问题

班主任要注意协调班级内部的关系。要协调好班干部之间、班干部与同学之间的关系，要团结一致地在班主任领导和指导下，使班级形成优良的班集体。班干部之间的关系包括班委会与中队会、班委会与团支部之间的关系。班主任表扬班集体所取得的成绩。要突出各组织间的协调和配合作用。

班主任协调班干部间的关系，重点要建立在工作关系之上，为此，班主任要领导班干部和广大学生为班级制定切实可行的工作计划和奋斗目标，使班干部在统一计划的指导下，协调一致，分工负责，为实现班级的奋斗目标而共同努力奋斗。

班主任在表扬班集体的同时，还要协调好班干部与同学之间的关系，表扬班干部不能脱离广大同学，群众是真正的英雄，班集体成绩的取得是集体智慧和力量的结晶。班干部是集体中的一员，又是集体的带头人。切忌把班干部孤立起来，甚至造成班干部与广大同学的对立起来的情况。

第三节　班主任对班干部的表扬艺术

班干部是全班同学的带头人，是班集体的核心力量，是班主任的得力助手。在班级的教育管理工作中，班主任紧紧地抓住了班干部的工作，就是抓住了矛盾的主要方面。班主任对班干部的表扬，是对班干部成绩的充分肯定，工作上的大力支持，是对班干部的信任，也是促使班干部努力工作，不断进取的动力。

班主任对班干部的表扬，应该遵循如下的基本原则。

1. 以鼓励为主的原则

班主任对为班级做出成绩的班干部，要给予及时的表扬，热情的鼓励。这既肯定了干部的成绩，又激励干部鼓足干劲，以饱满的热情努力工作，以争取更大的成绩。对那些成绩不突出，工作进展不大的班干部，也要给予支持和鼓励，促使他们认真地总结经验和不足，继续为班级和同学服务。

2. 以信任为主的原则

班干部是在全班学生民主选举中产生的，有群众基础，是同学的知心人；班干部又是在班主任全面考核的基础上任职的，能热心地为学生服务，有较强的工作能力，是班级同学的领头人。班主任要充分地信任班干部，放手大胆地使用班干部，以极大的热情调动班干部工作的积极性。班主任切忌在班干部工作时指手画脚，当着学生面指点某某班干部工作中的不足，这既束缚了班干部的手脚，又给班干部造成心理上的压力。

3. 以培养能力为主的原则

班主任对班干部的表扬，能促使班干部更好地学习、工作。但是，表扬只是激励班干部不断进步的手段，目的是培养班干部的工作能力，尤其是独立的组织工作能力，班主任不但要充分地信任班干部，放手大胆地使用班干部，而且更要注意培养班干部的各方面能力。班主任对班干部要做到在使用中培养，在培养中使用。

班主任对班干部的表扬，主要有以下方法。

1．在班队会上的表扬

班队会是在班主任的组织、领导下，由班级全体成员参加的一种自我教育和进行民主生活的教育形式，也是班主任向班集体进行教育的重要方式。班主任在班队会上，对有成绩的班干部给予表扬，以突出班干部的带头作用。但表扬班干部不要忘记广大学生，要突出集体的智慧和群众的力量；反之，助长班干部的个人英雄主义，孤立了班干部。

2．在总结会上的表扬

班主任可以在班级总结会上（包括周末、月和各项活动总结会）对取得优异成绩，做出突出贡献的班干部予以表扬，加以鼓励。

3．在家长会议上的表扬

班主任在家长会议上对班干部进行表扬，通报班干部学生的进步情况，便于家长了解子女在校的表现，配合班主任做好班干部学生的政治思想工作，激励他们为班级、为同学热心服务，取得更大成绩。给班干部学生创造一个良好的校内教育环境，使他们更加健康地成长。

4．申报表扬

申报表扬是表扬班干部的特殊形式。它是班干部有了突出成绩、事迹、特殊贡献，通过班主任申报学校或上级主管部门所给予的表扬或表彰。它包括申报校级、县级、市级优秀班干部。班干部的突出事迹，受到社会舆论的高度赞赏，班主任要通过学校及教育主管部门申报给各级人民政府给予表彰。

班主任在对班干部表扬的时候，还需要注意下面几个问题。

1. 注意点名表扬的问题

班主任点名表扬班干部，要注意学生的年龄特点和知识层次。低年级的儿童，喜欢班主任多表扬自己，这是他们好胜爱表现的心理特点决定的。对他们的点名表扬，能起到鼓励作用；而对高年级学生就不宜过多点名表扬，因为他们各方面趋于成熟，多注重的是对自己能力的培养。

2. 注意表扬过头的问题

班主任对班干部学生的表扬，要注意分寸，把握适度，使表扬不要过头。班主任经常表扬班干部特别是主要干部，可能会给学生造成一种错觉，把正常的工作关系误认为个人关系，反而孤立了班干部，不利于班级工作的开展。同时还要注意防止某些班干部产生骄傲自满的情绪，这对他们的成长十分不利。

3. 注意语言问题

班主任对班干部学生的表扬用语，要注意场合，做到生动、准确、自然，不要使用令学生费解的词语、歇后语等，否则容易使学生产生误解，反而失去了表扬的实际意义。

第四节　班主任对各层次学生的表扬艺术

班主任对学生的表扬，理所当然地应该是一视同仁，但这并不意味着对所有学生都采用同样的要求，表扬方法也完全一致。班主任应该根据优秀生、中间生、后进生的不同特点，对其提出不同的要求，对其进行有针对性的表扬，以收到教育各个层次学生的目的。

下面即分别介绍班主任对优秀生、中间生、后进生的不同的表扬艺术。

优秀生是指那些思想进步，学习成绩突出，有健康的体魄，积极主动参加各项活动，在学生中威信高，能出色地完成学校、老师交给的各项任务的学生。对优秀生的表扬原则如下。

1. 以鼓励为主的原则

优秀学生是班级的中坚力量，是班级工作的积极支持者，各项活动的主动带头人。他们虽然人数少，却有巨大的影响和鼓动作用。有些年轻班主任，教育管理班级上进心切，更多注重对后进生的教育工作，忽视了对优秀生的进一步培养教育。班主任对他们表扬声少了，优秀学生的上进心松懈了，他们的思想产生了波动，班级工作显得更加被动。班级工作"两头都要抓"，既要注重后进生的转化工作，又要抓优秀学生的楷模作用。要经常注意优秀学生新的进步，对他们的成绩要及时表扬，甚至校外也要注意了解掌握，使优秀学生意识到班主任在时刻关心着他们，这样就会促进自我督促，向更高的目标发展。

2. 树标兵原则

榜样的力量是无穷的。在班级树标兵，就是给学生立样板，同时要与

95

学先进人物的活动紧密结合起来。这对优秀学生是极大的鼓舞，对其他学生是极好的鞭策。这样能使学生感到前进有方向，进步有尺度。做到远学英雄，近学标兵。班主任可以根据学生的年龄特点和知识层次，在班级开展评选最佳少年、最佳青年、各科小标兵等活动。

3. 巩固性原则

优秀学生是学生中的优秀代表，学习的榜样。他们经常受到老师的表扬，学生的称赞，骄傲自满的情绪极易滋生，个别学生又容易滑坡。班主任在表扬他们的同时，还要提出新的希望和要求，以巩固他们所取得的成绩，激励他们向新的高度迈进。

4. 严格要求原则

在人才的培育方面，中国有一句俗语："严师出高徒"。对优秀学生的培育更是如此。班主任在表扬优秀学生的同时，还要经常帮助他们查找自己的不足之处，并提出今后的希望要求；又要经常与家长沟通情况，对学生要求一致；还要多与科任老师取得联系，发挥多元化的教育优势，取得最佳效果。

中间生是介于优秀生和后进生之间的中间层，这部分学生人数多，影响大，是班主任工作的一大方面。对中间生的表扬应遵循如下原则。

1. 鼓励上进的原则

一般学生也有要求进步的心理，但不强烈。在班集体内，前有优秀学生，是老师经常表扬的尖子。后有个别后进学生，是老师关注批评的对象。他们表现为不前不后，观望意识较浓。有经验的班主任注意"抓两头，带中间"，突出"带"字，充分发挥班主任的主导作用。班主任要做好中间层的组织、教育工作，鼓励他们努力学习奋斗，激励他们向优秀学生看齐，在树立远大理想上下功夫。

2. 普遍提高的原则

一般学生是班级的中间层次，占班级学生的大多数。一般学生素质的普遍提高，就是班集体的大幅度的进步。有经验的班主任不光注重抓典型，培植尖子，还应重视一般学生，重视大多数学生素质的普遍提高。

3．稳定性原则

班集体里一般学生占大多数，能充分调动一般学生的积极性，班主任工作就得心应手，班级活动就好开展。班主任对取得突出成绩，为班级获奖的一般学生要给予热情的表扬，哪怕是点滴的进步，也要及时鼓励，这样才能促进班级政治思想稳定，学生情绪饱满；若对一般学生成绩的表扬，只要轻描淡写，蜻蜓点水，则会使一般学生思想浮动，造成班级整体滑坡。班主任要着眼于全局，重视对一般学生的表扬，使他们在稳定中促进步，在稳定中求发展。

后进生是落后于一般同学的学生，对后进生的表扬，是班主任的工作艺术的重点之一，也是难点之一。一般地，表扬时要坚持以下基本原则。

1．以鼓励为主的原则

班主任的鼓励是学生进步的动力，尤其是后进生，班主任要热心地关照他们，耐心地做好他们的转化工作。缺点不是后进生所固有的，班主任要善于发现后进生的长处，善于寻找闪光点，鼓励他们进步。他们取得的成绩哪怕是点滴的，都是难能可贵的，班主任要给予及时的表扬、热情鼓励。班主任要像严父慈母般地对待他们，同时要和他们多交谈，使他们在班集体中得到温暖，还要给他们创造转化的环境。

2．以引导为主的原则

进步并不是优秀学生的专利，后进生也有进步的心理要求，有时甚至也很强烈。当先进学生站在领奖台前，他们投以敬佩的目光，给以热烈的掌声，同时也以异样的心情联想到自己，有的小学生在会后竟情不自禁地跑到老师跟前说："老师，我能不能获奖！"有的还说："老师！我今后应该怎么做？"班主任在给予他们精神鼓励的同时，要给他们指出进步的方向，改正错误的方法，并做到经常检查和督促，做后进生的知心人、引路人。

3. 以促进转化为主的原则

后进与先进是相对而言的，一切事物都是发展变化的，后进生也不是固定不变的，也可以向好的方面转化。班主任对后进生的转化教育不能急躁，要像医生对待病人一样。特别要培养学生的自尊心和自信心，要做到动之以情，深于父母；晓之以理，细如雨丝，使他们缺点得以克服，优点和长处得到更好地发挥，逐步得到转化，向先进行列迈进。

4. 扬长避短、长善救失的原则

尺有所短，寸有所长。班主任对后进生的教育，要善于发现他们的长处，及时表扬、鼓励。在公开场合，尽量避开谈论后进学生的过失或不足，以减轻他们精神上的负担和压力。绝不能采取粗暴、压服的教育方式。

第五节　班主任批评的语言艺术

班主任在教育过程中，在进行表扬、奖励、赏识教育的同时，不应该忽视批评在教育中的积极作用。但另一方面，毕竟大多数人都不愿意受到批评，而且如果批评不当，不仅起不到相应的效果，还会产生极大的负面效应，产生逆反心理和厌烦、误解、抵触等消极情绪。因此，如何用好批评这柄教育上的双刃剑是值得每一位班主任深思，也是必须要解决的问题。

批评，是班主任对学生的不恰当思想、言行给予的否定的评定，以唤起学生们的警觉，去努力改正自己的错误和缺点。批评是班主任对学生进行思想品德教育常用的一种方法，其根本目的是要引起学生思想的变化，使学生真正提高认识，提高觉悟，提高思想素质，变得更有道德和教养，从而少犯错误。换句话说，批评是为了不批评。

为了使批评能够收到良好的效果，班主任在对学生进行批评教育之前，要弄清学生错误的事实和来龙去脉，进行符合实际的恰如其分的批评；要有耐心，允许学生申辩，并通过摆事实、讲道理帮助他们认识错误，指出改正的办法，启发他们自觉改正。

与此同时，要充分估计被批评者可能作出的反应，设法防止其反应的消极方面。要从团结的愿望出发，尊重学生的人格，鼓励学生自我改正的信心。批评要取得学生集体的支持，以加强批评教育的作用。作为教师的班主任要教育学生正确对待批评，不讳疾忌医，不因受到批评而失去上进的信心。

作为一名班主任不仅要掌握批评的含义和目的，还必须掌握批评教育的语言艺术。班主任对学生的批评必须怀着爱心，否则说出话来，就会变成另一个样子。同样的情绪，怀着爱心，含着理解，说出话来就是教育型的，反之，就是非教育型的。

因此，班主任对学生的批评，要注意语言的运用。批评的语言艺术是指在教育过程中，运用语言来否定、抑制和纠正学生的错误行为的技巧与能力。成功的批评，能使学生心悦诚服地接受教育。具体地，班主任要有艺术地开展批评，应该做到以下几点。

1. 批评时要有诚恳的、与人为善的态度

班主任批评学生是为了帮助、教育学生，是为了把学生们身上的各种优点和长处都充分地发挥出来，是为了调动学生身上的一切积极因素，而不是为了泄愤整人，或专在学生身上寻找缺点和错误，把学生搞得灰溜溜的。

批评不是主人对仆人的训斥和责备，而是主人翁之间思想的上互相沟通、互相帮助。所以，批评时要善意，要讲究艺术，要有强烈的团结学生、教育学生的感情，即使是严厉的批评，也应达到增进团结和友谊的作用。

2. 批评要注意多肯定，少否定，批评中有赞扬

每一个学生在其学习生活的每一个阶段，必然都有不同程度的进步，也必然会出现这样那样的缺点。班主任的职责就是恰当运用表扬与批评的方法，指导学生身心健康发展。然而，多数学生喜欢听表扬话，不愿听批评话，甚至一听批评就心理逆反。因此，班主任在批评其不足之前，应真诚赞扬他的进步，如果能巧妙地用赞扬其进步代替批评其不足，效果肯定更好。

班主任对学生的教育应多用肯定、启发、开导的语言和语气，最好不用或少用"不准"、"不行"、"不能"、"不要"。否定式语言不利于保持学生的积极性，不利于培养他们的主动精神和独立分析问题、解决问题的能力。

3. 批评时选择恰当的词语，巧妙指出"美中不足"

一些班主任在批评学生时也先用赞扬的原则，但他们在赞扬之后却来

了一个明显的转折，学生称其为"'但是'后面做文章"。有的学生一听"但是"二字就反感，认为老师前边的表扬是言不由衷，是批评的前奏。其结果，不但批评不会收效，而且前边的表扬也被学生理解为虚情假意了。如果我们不用"但是"这一转折词，效果就可能不同。

例如："你这个阶段进步较快，如果你能进一步抓好课堂听讲和课后复习两个环节，相信你的学习成绩会进步更快。"这样的间接提醒，比"但是"后面直接批评的效果更好，学生也乐于接受。

4. 将问号变成句号，批评也要有理、有节、有度

一些班主任习惯于以各种各样的问号来批评学生，诸如"你这样做有什么好处？""你知道这么做的严重后果吗？"等。这种带问号的批评常常使学生窘迫不堪，只能咬着嘴唇像接受审判那样对待批评。这种批评是教师镇住学生的绝好武器，但却不大为学生所接受。当它出现时，被批评的学生就会本能地产生防御心理。

合理的批评方式，应该是摆事实，讲道理，合情入理，以理服人，要口气温和，态度和蔼；要平等商讨，消除对抗；要正面引导，多加勉励；要严于责己，"心理换位"；要注意分寸，留有余地。不要挖苦讽刺，乱扣帽子；不要随意责骂，造成对立；不要类比推断，乱下结论；不要无限上纲，矛盾上交；不要全盘否定，警告驱逐。

第六节 班主任的批评方法

在班级教育管理中，班主任不可能不运用批评这一教育手段，使犯错误的学生能够改正错误，更快地进步。但并非所有的批评教育都能达到这样的效果。有些教师由于批评方式运用不当，不仅收不到应有的教育效果，反而造成学生的抗拒心理，甚至给整个班级带来不良影响。成功的批评教育要讲究批评的艺术。

班主任对学生的批评教育，第一位重要的就是掌握准确的事实，做到实事求是。不准确或无根据的批评是正确批评的大忌，在这方面容易出现如下几个方面的问题。

（1）对问题或错误的责任掌握不准。有的班主任一旦发现学生犯了错误，就不分青红皂白地只顾狠狠批评，"有理三扁担"、"无理扁担三"，特别是对后进生，一出问题首先怀疑他们。据了解，后进生对老师最不满的就在于此。

（2）对问题或错误的性质、影响等情况掌握不准。学生中存在的问题和所犯的错误，并不是像一碗清水一样，能一眼看透的。只有掌握准确并进行定性、定量的分析后，才能进行正确恰当的批评。否则批评过重，言过其实，给人以小题大做、乱扣帽子之感；批评过轻，对学生的心灵触及不够，对错误的危害认识不足。这都不利于学生接受教训、改正错误。

（3）对发生错误的过程及细枝末节掌握不准。例如批评时张冠李戴，有的"不到位"，有的"越了位"。

（4）对犯错误同学当时的心理状态和他们的一贯表现等情况掌握不准。从一个具体的错误来分析，是有意还是无意，是偶然表现不好还是一贯表现不好。这些情况掌握不准，批评将是无的放矢，且有就事论事的简单化倾向。只有准确地批评，学生才能心悦诚服，才有利于学生改正错误而向好的方面转化。

因此，班主任在批评学生时，不仅要掌握语言上的艺术，还应该注意方法上的艺术。班主任可以采取如下的批评方式。

1. 渐进式的批评方式

批评要有层次，逐步深入，而不是一股脑儿把批评的信息全部抛出。这种批评方式对自尊心较强的学生非常适宜。学生在学习、生活和纪律方面偶有差错，如果当众批评，而且用语尖锐，就会使被批评的学生一时下不了台而产生对立情绪。因此，用渐进式批评方式，可使其逐步接受批评，不至于一下子"谈崩"。

2. 启发式的批评方式

以暗示为主要手段，用提醒、启示或提问之类的语言与被批评的学生谈话，也可以用微笑、眼神、动作提醒学生，以示批评。比如学生上学迟到几分钟，或上课时偶尔望了一下窗外，这时，老师对着微微一笑，或做一个手势，他就会意识到自己的不对。

还可以用"沉默"的方式，对学生进行批评。例如，上课时有些学生思想开小差，老师可微露不悦并沉默不语，突然中断讲课一分钟左右，就会给学生造成一种心理压抑，领悟到老师内心的不满和责备，便立即警觉起来，思想也就集中起来了。这比大发雷霆好得多，能收到"此时无声胜有声"的效果。这种批评方式对善于思考、性格内向、思维机敏、疑虑心理较重的学生更为适用。

3. 商讨式的批评方式

这是一种较为缓和的批评方式，班主任可用商讨问题的态度，把批评的信息传递给被批评者。这种批评方式，发现学生的不良表现后，不是以居高临下的姿态去训斥他，而是以平等的态度，心平气和地与之商讨不良表现的不良后果以及改正的办法。

譬如初夏来临，学生听课容易疲倦，打瞌睡的现象时有发生，发现学生打瞌睡时，老师可把他轻轻地摇醒，待下课以后再与之谈话："是我的课讲得不好提不起你听课的精气神，还是你昨晚睡得不好以致今天精神不振呢？"如此，则学生既能为自己没有认真听课而感到惭愧，又能感受到老师的谦和与诚恳。

这种方式适用于反应快，脾气暴躁、否定性心理表现明显，行为常被情绪所左右的学生。以商讨的口吻，平心静气地交换意见，改变被批评者可能存在的对立情绪。

4. 及时式的批评方式

批评要及时，不要老是事后批评。有些学生自我防卫心理强，不肯轻易承认自己的过错，常常在事后矢口否认或搪塞掩饰，对这样的学生要注意当时、当场进行批评，用刚刚或正在发生的事实，冲破批评者的心理防线。

5. 对比式的批评方式

借助他人、他事的客观形象，运用对比，烘托出批评的内容，使被批评者感到客观上的某种压力，认识到自己的缺点和错误。这种批评，可适用于经历较浅、自我觉悟和自我意识稍差、理智感较弱、易受感化的学生。

6. 表扬性的批评方式

表扬与批评是对立的统一，是互相转化的。所谓表扬性批评就是通过表扬的手段达到批评的目的，其中也含有暗示批评、间接批评和预防性批评的意思。表扬性批评的运用，可以让学生在愉悦的心境中接受正面教育，进一步感受老师与集体的温暖，逐步实现缺点与错误的转化。

表扬性批评可以通过对某一同学自身优点的表扬来暗示批评他本身的其他错误。如通过对某同学有正义感、乐于助人等优点的表扬来暗示他曾有过与人打架的错误，以制止他这一错误的发展。表扬性批评也可以通过对一个后进小团体中个别人优点的表扬来批评其他人的错误，如表扬某同学关心集体荣誉、为班级争光的事迹，暗示批评其他人不关心集体的错误行为。

7. 严厉性的批评方式

如果学生严重地违反了规章制度，破坏了学校纪律，而且并非初犯，老师就必须对他进行具有说服力的严厉批评，绝不能姑息迁就。但是必须注意，采用这种方式时，批评的内容一要准确集中，切忌目标不明；批评的语言一定要清楚明了，斩钉截铁，说一不二，切忌含糊其辞；批评的态度一定要严，可怒发冲冠，但又要诚恳端正，切忌威胁鄙夷，伤害学生的自尊心和人格。

第七节 班主任批评的禁忌

批评必须运用得当，才能达到教育的目的；如果运用不当，不但不能达到教育、提高之目的，而且可能造成师生感情对立，促使学生逆反心理的形成，增加了今后教育、转变的难度。因此，是否善于运用批评这一武器是衡量班主任教育能力的重要方面。班主任要对学生正确开展批评教育，必须注意以下八个问题。

1. 对批评忌厉声训斥

学生犯了错误，做班主任的应当采取摆事实，讲道理，循循善诱，以理服人的方法。因为只有讲清道理，分析其错误危害、根源，启发学生自己思考，自己比较，从中得出正确的结论，才能提高认识，避免下次重犯类似过错。

如果不是这样，而是采用厉声训斥的方法，就不能达到预期的目的。厉声训斥属于强刺激的一种，对于犯有严重过错的而又拒不认错，或者屡教屡犯者，给予厉声训斥，促使其猛省，当然是可以的，也是必要的。但是如果不看对象，不分错误大小，不分初犯屡犯，一概厉声训斥，就不妥当了。

虽然训斥中也有道理，但训斥本身极易使学生产生对立情绪和恐惧心理，不会冷静地思考，达不到提高认识的目的。经常受训斥的学生，对训斥习已为常，无所谓了。尽管班主任讲的再有道理，他也听不进去。尤其是经常的训斥易使学生形成怯懦、粗暴或不诚实的性格特征和不健康的心理素质。

2. 对批评忌变相体罚

有的班主任对多次犯错误的学生缺乏耐心、细致的思想教育，不仅容易发火，对其大喊大叫，甚至还动手动脚，变相体罚，这是班主任崇高职业所绝对不能允许的，是班主任自身不文明和无能的表现，极易使学生产生对立情绪，不可能达到教育的效果，并且为今后的教育设置一大思想障碍。可以这么说，体罚之日就是教育失败之时。

3. 对批评忌当众揭丑

人都有一定的自尊心，都很顾及"脸面"。青少年学生有了过错，一般都希望班主任保密、谅解和宽恕。因此，班主任最好是单独批评教育，不使他当众丢丑，尤其像中学生早恋一类的错误，最好不要在全班同学面前批评他。

即使需要在众人面前批评，也要留有余地，不要过于严厉，对自尊心强的同学尤其应当如此。否则容易使学生产生"横竖横"的思想，拒不认错，或者与班主任顶撞，走向教育愿望的反面，甚至使班主任自己也下不了台。

对学生以往的过错，一般情况下也不要翻老账、搞清算，应就事论事地批评当前的过错，只有在学生重犯过去同样性质过错，进行分析教育时可以联系起来，否则容易使学生误以为班主任揪住不放、看死了，产生消极对抗情绪。

4. 对批评忌千篇一律

批评一定要区分对象，根据学生不同年龄阶段、不同性格特征，采用不同的批评教育方法。一般来说，高年级学生已经形成一定的道德观念，开始具备自我教育的基础。因此批评要更多地作理性分析，讲清道理，尽量避免"声色俱厉"；低年级学生，其行为主要是以情绪、临时动机为基础的，因此批评要具体，就事论理，应该怎样，不应怎样，要形象具体，不可笼而统之，要多讲"小道理"，少讲"大道理"。

对于"吃软不吃硬"或脾气倔强的学生，教师要力求心平气和、耐心细致，先表扬他的其他优点，再批评某一方面的缺点、过错。多作鼓励，切勿顶牛。学生的性格、个性各种各样，教育的方法也要千变万化，没有

千篇一律的程式。

5. 对批评忌不调查分析

对于学生的过错，批评前如果不作调查分析，劈头盖脸地训一顿，往往难以奏效。比如有的学生课堂上经常不守纪律，老师天天批评，既有"硬"的，也有"软"的，但就是不见效果。什么原因呢？因为"病根"没有找着。

不守纪律只是表象，不切断不守纪律的诱因，批评当然难以奏效了。"病根"可能是学习目的不明确；家长娇惯、没有要求；教师讲课不生动，激发不起学生学习兴趣；基础差，听不懂老师讲的内容；身体有病或意志薄弱，自制力差；性格散漫，任性，没有养成常规学习习惯等，可能是其中某一种或几种原因同时起作用，造成了课堂上不守纪律。为了解决问题，班主任必须找准"病根"，对症下药。

6. 对批评忌成见看人

批评一定要言之有据，言之有理，切忌不作调查，先入为主，成见看人。一个班级几十个学生，学习成绩基础不一样，思想认识水平和思想品德品行参差不齐，这只能作为班主任工作的起点和基础，不应用凝固不变的观点看待每一个学生。

青少年正处在长身体、长知识的时期。一切都是不确定的、变化着的，经过学校的培养、教育，相信每一个学生都是可以成才的。对待目前后进的学生，应当多一分爱心，多一分关怀，多作教育引导工作，而绝不应该把他们看死；班级出现问题，不要想当然，以为"坏事"都是他们干的；不要动不动就批评，看不到他们身上的积极因素和进步表现，要增强他们上进的信心。

7. 对批评忌唠唠叨叨

批评时一般只需简明扼要地指出错误所在，讲清道理即可，切勿唠唠叨叨，没完没了。青少年学生最讨厌大人的啰唆、唠叨。从心理学上说，唠叨是一种重复刺激，听的人会在大脑皮层上产生保护性抑制，你越说他越听不进去，并产生厌烦情绪，所以唠叨是一种无效批评，不起教育作用。

8．对批评忌言行不一

班主任是学生心目中的楷模。班主任讲的一切道理固然十分重要，能起到教育作用，但班主任的行为在学生心目中更加重要，"身教重于言教"。一个优秀的班主任总是处处注意检点，严格要求自己，以身作则，言行一致，起表率作用。而一个不良思想和作风的班主任，就会潜移默化，影响、带坏学生。

因此，凡是要求学生做到的事情，班主任首先不应该违犯。那种口是心非、言行不一的班主任，批评学生不会有说服力，甚至会使学生得出错误结论：人都是虚假的，大道理都是骗人的。这就把诚实的人们，把正确的理论都给看歪了，这是一种恶劣的后果。

第六章

班主任和学生谈话的艺术

　　班主任对学生进行谈话，是班主任进行思想品德教育和学习方法指导的一种有效方式，是班主任全面熟悉了解、准确把握学生思想脉搏的有效途径。班主任工作要想取得良好的效果，就要讲究谈话的艺术。

　　谈话艺术是语言艺术的一种，是谈话技能技巧的升华。一次成功的谈话，可使学生如沐春风，给学生以启发、鼓励；反之，也可以使学生消沉、迷惑，甚至一蹶不振。从这个意义上说，探索班主任谈话的艺术，是班主任的一项基本功，有利于搞好班主任工作。

第一节　班主任的谈话艺术概述

　　班主任是班级的组织者与领导者。开展班级工作，了解学生的思想动态，处理学生存在的问题，对学生进行全面的教育，班主任最常用的方法就是谈话。班主任的谈话艺术是保证谈话取得良好效果的重要条件，因此，进行班主任谈话艺术的研究，对提高班主任的工作质量，促进学生的全面发展，有着重要的现实意义。

　　班主任主持班级工作，必须与学生广泛接触，达到水乳交融的程度。学生只有愿意向班主任吐露心声，反映班级的真实情况，班主任才可以掌握同学们的心理变化，使班级工作保持正常运转。为此目的，班主任应全面、及时、深入、细致地了解学生，这其中包括学生的学习、生活、劳动、娱乐、交往等各个方面。要了解学生、掌握学生的有关信息，建立和谐的师生关系，最简便的途径就是同学生进行多种形式的谈话。不管是集体的、个体的，正式的和非正式的，成功的或者失败的谈话，都能给班主任提供某些信息，甚至连学生谈话时的表情、神态、举止也都包含着某种信息。

　　了解了有关学生的信息，其中必有一些需要班主任出面解决的思想问题，而要妥善解决学生的思想问题，最有效的方法还是谈话。问题是否能妥善解决，学生是否口服心服，是否能唤起学生进取的欲望，这取决于班主任的谈话艺术。一般说，普遍性的思想问题，可以通过集体谈话教育、解决；个别性的思想问题，在正式场合下不能妥善解决，或不适宜在正式场合下用集体谈话的形式解决的，就要用个别谈话的方式去解决。针对问题的不同性质和学生的不同特点，一把钥匙开一把锁。集体谈话，可以针对某个典型问题，同时教育全班学生；个别谈话，因人而异，可以照顾学生的个别差异，充分体现因人施教的原则，保证谈话的有效性。

　　班主任不管是获取学生的信息，还是解决学生的思想问题，谈话都是一种简便、灵活、有效的方法。这种方法方式简单自然，具有随机性，内容不受时间、空间限制，可以根据需要灵活进行。谈话对环境条件要求不那么严格，事先准备工作也不需太复杂，有些谈话可以反复进行，或与家长配合。这种方法可适用于不同年龄、不同个性的学生，便于班主任创造一种和谐、平静的氛围，让师生表达真实思想，促进感情交流与融合，加速学生思想转化，提高学生对所谈问题的认识水平。

　　总之，班主任的谈话在其整个工作过程中起着极为重要的作用。班主任的谈话艺术是一个值得研究的重要课题。这里所讲的谈话艺术，是专指班主任通过口头语言艺术，直接与学生交谈，交流思想信息，摆事实，讲道理，寓理于情，疏通思想，提高学生思想认识，培养他们良好品德和个性以及促进班级工作开展的一种教育方法，它不同于人们日常生活交往中的谈话。

　　谈话一般可分集体谈话和个别谈话，其中，集体谈话包括几个人以上的部分学生和全班学生谈话，根据其形式区分为主讲式的谈话和民主平等式的谈话；个人谈话则是针对不同学生个体，进行的有针对性的单独谈话。

第二节　集体谈话艺术

集体谈话一般多是从学生普遍存在的问题和学生共同关心的问题以及对集体有教育的问题中选择谈话的主题。集体谈话，根据班主任运用谈话进行教育学生的实践，主要有班主任主讲式谈话和师生民主平等式对话两种模式。

班主任主讲式谈话最常见的有伦理道德谈话、表扬性谈话、批评性谈话等。伦理道德谈话一般是指马列主义基本原理、世界观、人生观、政治经济、思想道德方面的谈话。表扬性谈话和批评性谈话，我们在上一章中已经做了介绍，这里就不再赘述了。

班主任在班会上或利用其他时间，以讲述、讲解、讲演、报告等方式对学生进行政治思想和伦理道德谈话是保证学生明确正确的政治方向、形成道德认识、解决思想问题，激励他们不断进步的不可缺少的、常用的集体教育方法。

但是有些班主任没有用好这种方法，他们往往不讲究谈话艺术，常常是长篇累牍地空讲大道理，不考虑中小学学生特点，不尊重学生，多是我讲你听，不切合学生实际的硬行灌输，是华而不实的"假大空"的空洞说教，缺乏说服力，以致收效不大。班主任必须改进这种不受学生欢迎的伦理道德谈话，应该讲究谈话艺术，提高谈话效果，真正发挥伦理道德谈话的集体教育作用。

主讲式的集体谈话内容是多方面的，谈话对象也是不同的，因此，就要针对不同内容和对象采用多种多样的摆事实、讲道理，以理服人，以情感人的不同的谈话方式，以达到真正提高学生认识和解决思想问题能力的目的。班主任主讲式的集体谈话，主要有层层分析推理式、情景式、启发引导式、对比式、故事式、科学实验谈话式几种方式。

无论采取哪种谈话方式，班主任都要注意以下事项，只有坚持了这些原则，才能让谈话具有艺术性，谈话才能收到效果。

1. 班主任要对所讲的观点、道理有真切理解和坚定信念

班主任要真正对所谈的问题搞懂、搞通、搞透彻，有真情实感，达到坚信不移的程度，相信自己用以说服学生的理是真理。

只有自己真通、真信，讲起来，才会理直气壮，声声有力，句句在理，情真意切，才能感染学生和说服学生，相信老师讲的理是对的。否则，就会出现或照本宣科，或言不由衷，或"假大空"，或不能自圆其说，或没有真情实感等语言无力、无情、无信的现象，当然就很难说服学生了。

2. 班主任的谈话要有针对性，要讲真话、实话

班主任谈话的选题要针对性强，即谈话主题和内容要选择学生中存在的疑难问题和他们普遍关心的有趣的热点问题，如人生价值，美与丑、学生能否帮助大人经商、纪律与自由、民主与法律、社会主义制度和资本主义制度相比究竟孰优孰劣、马列主义是否过时、社会主义市场经济等。选择这类问题既可以满足学生内在的求知欲望，又可以引起他们的兴趣。外因通过内因起作用，调动他们学习的自觉性和积极性，从而收到良好的教育效果。

在谈话过程中，班主任要联系社会实际问题和学生思想认识问题有针对性地谈话，讲真话、讲实话，要言之有理，论之有据，对成绩不夸大，对问题不回避，有一说一，有二说二，实事求是，推心置腹，开诚布公。只有讲真话、讲实话，才能体现出真理和力量，才能言重如山，取信于学生，才有教育意义，才会受学生欢迎。

如果班主任不了解学生思想，抓不住疑难点和热点问题及问题症结所在，谈话中不切实际，无的放矢，教条式地谈一些"形而上"的大话、空话、假说和套话，或文过饰非，这样既说服不了学生，还往往会产生不良后果，引起学生反感情绪，造成他们的逆反心理。

3. 班主任要切实改进谈话方法

谈话要有观点、有材料，两者必须统一，要用正确观点统率材料，引用实际材料必须能说明观点，事例不在多，而在典型和恰当，说理不在话长，而在于深入浅出，分析精辟透彻，有说服力。谈话要求讲得概念明确，重点突出，条理清楚，逻辑性强，使学生听懂、听明白，留下深刻印象。谈话的深度和广度适合学生年龄特征和认识水平，宜从具体到抽象，要选择他们熟悉的人物、事迹、事例去说明道理，防止空洞说教和成人化。

谈话中还要注意学生的反应，及时采取反馈措施，不断调整适合他们的内容和方式，集中学生注意力听讲，引导他们的思维跟着教师谈话进程发展，达到讲者和听者的思想交融。谈话不仅要做到以理服人，还要做到以情感人，感情真挚，使学生感动，真正做到通情达理，情真理切，情理交融，思想共鸣，才能收到入情、入理、入耳、入脑、入行的效果。

民主平等式对话，是对话双方或多方在一定环境下，通过语言手段，民主平等地各自发表见解、抒发情感，释疑解问，双方交流信息，增进理解，以达到教育听众，提高认识，解决思想问题的一种方法。

民主式平等式对话有着明显的特点：①对话的双方或多方可以各抒己见，畅所欲言，可以在平等争论中分清是非，统一认识；②可以使对话的双方或多方获得思想信息和感情的双向交流，增强理解，心理相容；③对话方式生动活泼，民主平等，气氛和谐。

我国现阶段的学生思想活跃，他们有许多关心的社会实际问题希望得到正确解答。因此，民主平等对话法主要是广开言路，民主平等地各抒己见，倾听学生意见，质疑问难，交心谈心，互相对话，当场问，当场答，使双方情感交流沟通思想，增进理解，统一认识，解决思想问题，这种方法是对传统的"我说你听"、"我答你通"的单方说教，单向灌输的训诫式的教育方法的改革。实践证明，只要正确运用民主平等对话方法对青少年进行教育，都能取得良好的实际效果。

对话不同于讲课、讲演、报告等，也不同于班主任系统主讲式的谈话，它是一种需要答问者具有广博知识和多种智能有机结合的谈话艺术。要想取得良好的对话效果，必须注意如下事项。

1. 要吃透"上头"精神，明了学生"下情"

所谓吃透"上头"精神，是指要学习理解掌握马列主义基本原理，党的基本路线、方针、政策、法令、规定等，只有答话者真正吃透了"上头"精神，才能保证答话的理论性、政策性；所谓明了学生"下情"，是指要具体了解学生对国内外重大事件、社会政治、经济、生活和个人前途、理想以及人生价值等有关问题的思想认识，以便做到心中有数，有所准备，答话时才能针对性地进行有说服力的解答。

2. 要认真打好"腹稿"

成功的对话在于充分准备，要围绕对话主题认真准备对话内容和实施方案。班主任要根据主题和对象以及估计可能提出的问题进行搜集材料，钻研思考，理解掌握，并考虑好如何针对学生可能提出的问题进行有理有据的解答，即打好"腹稿"。这样，才能临场不乱，应对自如。

3. 要加强文化智能修养

因为对话中可能涉及到意料不到的各种问题，需要班主任具有广博的文化知识和多种智能（如较强的记忆力，善于分析综合的思考力，敏捷的应变力，丰富的想象力，流利的口头表达能力等）修养，为此，平时要加强学习，勤于思考，以掌握广博的文化科学知识和发展上述多种智能。

只有这样，才能在快节奏、高效率、灵活多变的对话中掌握主动权，在一瞬间就组织、复核、调整答问内容和话语，恰到好处地予以解答，才能做到语言简洁、明快、准确、有力，观点正确，见解新颖，说理清楚，分析精辟，有说服力。

4. 要创造民主平等、和谐友好的对话环境

民主平等对话，并不是今天才有的，早在 2000 多年前，孔子就已实施

了，并且做得很好。他同弟子互敬互爱，教学相长，从不居高临下，以权威自居。他提倡"当仁不让于师"，即在真理面前，也不必对老师让步。他和弟子席地而坐，平等地互相讨论、对话、释疑解问。现在我们要学习发扬孔子的这种精神，坚决克服那种以"教师爷"自居，凌驾于学生之上的不平等态度，克服那种命令式、训导式的对话方式，否则就容易使学生有畏惧和压抑感，就不可能畅所欲言地进行对话。

　　班主任必须增强民主观念，尊重学生人格，把学生看作是朋友和学习的主人，创造一个民主平等、友好和谐的气氛，才能做到和学生平等对话，开怀畅谈，探讨问题，各抒己见，释疑解问，取得良好的对话效果。

第三节　个别谈话艺术

班主任的个别谈话，是指同个别学生的谈话，又指与某个学生的单独谈话。个别谈话包括与学生干部的谈话、与优秀学生的谈话、与表现一般的学生的谈话、与偶有过失的学生的谈话、与后进生的谈话、与生理缺陷的学生的谈话、与早恋学生的谈话等。

1. 对学生干部的谈话艺术

学生干部都是思想比较成熟，有一定的组织管理能力，在同学中能起表率作用的学生。由于工作关系，与班主任接触较多，在同学中有一定威信和号召力，是班主任搞好班级工作的有力助手。

班主任对学生干部谈话，要注意倾听他们的意见，多采取交谈形式为好；多讲些道理，多作些分析，开拓其思路；要充分相信他们，尊重他们，但也要严格要求他们；班主任谈话要直截了当，不要拐弯抹角，含糊其辞；班主任作决定要果断，不可优柔寡断；谈话次数要多一些，但每次时间不一定很长。

如果是布置工作，则除了交代任务外，班主任还要在工作方法上予以指导，告诉他什么工作该用什么方法。可让学生谈谈自己的打算，好的想法，班主任应予以肯定；不当的地方，班主任要明确指正，并讲明为什么。最后，就所开展的工作，班主任谈几点要求。这样谈话，有利于培养学生的工作组织能力，使他在班主任指导下，尽快成熟起来；同时也体会到班主任的关心、支持，增强其工作的信心和积极性。

如果是了解班级情况，让学生汇报工作的谈话，班主任就要首先讲明谈话目的，并以和蔼的口气，鼓励学生如实反映情况。在学生讲述时，班主任对好的方面要表示赞许，对不明白的地方可以插话询问。学生讲完后，班主任对班级情况要作出分析，讲明原因。对学生的工作，要作出评价，坚持以表扬鼓励为主，这样便于调动学生工作积极性；对不足或失败的地方，要客观地分析原因，不可训斥、辱骂，攻其一点，不及其余；对有些方面，班主任要主动承担责任，态度要诚恳。这样，学生不仅不会心灰意冷，反而会激发工作热情，将功补过，以后他便会在班主任指导下，大胆地开展工作。

如果是批评性的谈话，班主任就要坚持高标准、严要求。对学生的过失作出严肃的批评，并阐明利害，绝不能对错误姑息迁就，否则，既不利于学生干部的成长，也不利于班级工作的开展，甚至会留下严重的后遗症，引起连锁反应。

2.　对优秀学生的谈话艺术

优秀学生一般聪明好学，成绩优良，思想进步，表现积极，在同学中有一种优越感，也很受班主任喜欢。但如放松教育，容易滋长骄傲情绪，不能与同学打成一片。偶有过失，往往持不在乎态度，一般自尊心较强。

班主任与优秀学生谈话要以鼓励、表扬为主，爱护学生的积极性；对错误不能迁就，教育学生不断完善自我，立志成才；谈话语言要恳切，感情要真挚；启发他们自觉培养自我教育、自我反省的能力。

开始谈话时，不要直入正题，可以从他感兴趣的话题入手，解除其防御心理，继而谈到他的成绩、优点，肯定其积极的因素，给他一个班主任很重视、关心自己的印象，接下来阐述有关的人生哲理，成才条件，鼓励其再接再厉。

班主任可不失时机地指出其弱点和缺点，并分析其危害，帮助他客观、全面地看待自己。要向他们指出，成绩的取得不仅是个人努力的结果，同时也与家长、老师的教育密不可分，谦虚使人进步，骄傲使人落后。当他领悟到自己的弱点，明了一定的事理之后，再明确地给他提出要求，鼓励他继续保持优异成绩，同时还要帮助其他同学，一起进步。

3.　对表现一般学生的谈话艺术

表现一般的学生在班级人数较多，他们学习不甚努力，成绩平平，思想上进步要求不强烈，参加班级活动缺乏积极性。他们甘居中游，缺乏进取心。

与他们谈话时，可先让学生谈谈自己的情况，谈谈对某些问题的认识，从中发现一些模糊或错误的观点，然后列举优秀同学的事迹，与之对照，找出差距，再阐明有关道理，启发他们觉悟。

与表现一般的同学谈话，注意说话要和蔼诚恳，以情动人；不要严厉训斥、指责，要循循善诱；提出要求目标不要太高，要切合本人实际；重点是增强信心，鼓励上进，不可把学生讲得一无是处。

4. 对偶有过失学生的谈话艺术

这些学生平时各方面表现不错，在同学中有一定影响，只是由于认识偏激或个性缺陷所致，偶尔做出错事。事后能自觉意识到错误，有的主动向班主任坦白，后悔不已。

与这些学生谈话时，应先让学生谈谈做错事的前因后果，并检查自己的责任；班主任获取信息后，加以分析。对学生的错误进行批评，指出其危害；老师要客观地看待学生，肯定他的优点和成绩，增强他改正错误的信心，不可一气之下，严加训斥，凭一时错误，抹杀全部成绩。接下来班主任应将语气缓和下来，阐述有关道理。

与偶有过失的学生谈话，应注意批评错误，态度要严厉，气氛要严肃，以此给学生一个触动；坚持两分法，正确对待错误；分析时话要中肯，以理服人，不以势压人；给学生指出方向，鼓励其改正错误；班主任谈话，要心怀善意，不要讽刺、挖苦，更不能恐吓、惩罚，多用疏导的方法，促进学生的领悟，激发其进步。

5. 对后进生的谈话艺术

后进生一般觉悟较低，是非观念模糊，缺乏上进心，也没有良好的行为习惯，因而经常犯这样那样的错误。与他们谈话时，班主任先要架起心理沟通的桥梁，奠定谈话的基础。为此，班主任要端正态度，稳定情绪，树立转化的信心。

谈话之始，不要"单刀直入"，列举种种"罪状"，而要采取迂回战术，不妨先问寒问暖，从关心其生活入手，这样可解除他的防御心理、抗拒心理，促使他认识到，老师谈话，不是又要"整他"、"治他"。

班主任的谈话，重点不是针对错误，严加痛斥，而是要以平稳的语调，含情的言词探讨分析其后进的原因。要么分析其家庭影响与小时候的经历，要么探讨他精神上的创伤，找寻心理的症结，要么剖析其个性特点及其形成缘由等，晓之以理，动之以情，态度诚恳，苦口婆心，他会意识到，真正关心、爱护他的是老师，班主任的深情厚爱化解了他心中的冰层，这时他就会承认自己的过错。

接下来，班主任就要挖掘学生身上的积极因素，予以充分肯定，阐明有关做人的道理，提出殷切的期望和要求，激发他的上进心，提高他的认识，展示他前途的曙光。后进生的个性发展往往存在严重缺陷，难以一下子矫正，错误意识和行为习惯也不是一下子能转变过来的。因此，班主任的个别谈话要多次进行，要有反复的思想准备，有耐心，切忌粗暴和急躁，只能以柔克刚，不能以硬对硬。

与后进生谈话，应注意重在攻心，不在整人；只能因势利导，不能听之任之；班主任胸怀要宽阔，不能对学生的错误言行斤斤计较；谈话时要控制情绪与情感，特别要制怒；要尊重学生的人格，不羞辱、挖苦他们，防止其产生逆反心理；谈话要寻找有利时机，注意场合；分析、批评要合情入理，切忌无限上纲；谈话可分多次进行，给学生以反省的机会。

6. 对有生理缺陷学生的谈话艺术

这些学生因为有生理缺陷，往往在心理上形成某种压力，总感到矮人一截，容易产生自卑感，怕人取笑，不愿参加集体活动，很少与人交往。长期下去，自身的优势不能发挥出来，能力发展受到阻碍，有的甚至产生心理疾病。

与他们谈话时，班主任应多几分关怀，多几分爱，以此补偿他们心理上的缺失；态度要格外热情、和蔼，话语要格外亲切、谨慎，以免刺伤他们的自尊心；谈话时要以鼓励为主，讲明人生哲理，及时表扬其优点，以唤起他们进取的勇气。在谈话之后，对这类学生，在条件允许的情况下，可尽量给予生活上的照顾，如排座位、上体育课、劳动时，要和其他同学讲明道理，以取得同学们的同情和谅解。

7. 对早恋学生的谈话艺术

据有关部门调查，我国约有15%的初中学生和19%高中学生有早恋行为。男女学生一旦过早误入"爱河"，往往会神情恍惚，情意绵绵，看书看不下去，个人正常的学习秩序遭到破坏，上课注意力分散，对班级开展的各项活动，都提不起精神来，整日想入非非。

班主任与他们谈话，要选择恰当的时间、地点和场合，不可将谈话内容外泄，以免造成不必要的麻烦，特别是对捕风捉影的事情，谈话更要持慎重态度。谈话内容一定是经过充分了解的，有确凿的证据，因为恋爱问题对每个同学都是一个敏感的问题，不能把男女生之间正常的友谊交往当作早恋行为。

班主任对确有早恋行为的同学谈话时，一定要采取正面说理，启发诱导的方法，指出早恋的危害。中学生身心发展并未成熟，过早把精力放在恋爱上面，不仅有碍于智力的发展，而且还会因舆论的谴责和秘密交往的压力造成性格上的缺陷和个性发展的障碍，同时对身体发育也有不利影响。对于坠入爱河较深的学生，谈话时可敲敲警钟，指出早恋往往蕴含着失身或失足的危险。

因为早恋问题涉及到学生家庭，所以班主任谈话前后应与家长取得联系，相互配合，而且要劝告家长不要采取过激行为，更不要伤害孩子的自尊心；班主任在谈话之后，也要谨慎行事，万万不可当众批评，施加压力，否则后果将不堪设想。

与早恋学生谈话，应注意谈话时间、地点，场合选择要慎重，不要引起其他同学的误解；谈话以疏导为主，不要当作犯错误而严肃处理；谈话时气氛要松弛，不要像发生了重大事故一样，以免给学生造成压力；一次谈话后，要给学生以思考的时间，不要快刀斩乱麻，立竿见影地解决问题；谈话的同时，对学生要进行感情的抚慰，以免伤害其纯洁的心灵。

第四节　班主任谈话的注意事项

班主任与学生谈话，不仅是一种言语交际行为，也是一种思想教育的工作方法，需要遵循学生思想活动规律，贴近学生思想实际，符合学生的心理特征，一般应遵循如下原则。

1．平等原则

与学生谈话是一个双向交流的过程，不可居高临下，盛气凌人。不要把自己的观点强加于人，要把学生放在与自己平等的地位，消除学生顾虑与拘束，允许学生发表自己的观点和看法。让学生在平等、和谐的气氛中受到启发，得到教育。

2．真诚原则

班主任要真心诚意对待学生，关心爱护学生，做到以情感人。唐代诗人白居易说过"动人心者莫先乎情"，唯有真诚，才能引起学生心灵的震撼，才能与学生在思想上产生交流，心理上有了沟通，心灵上引起共鸣，学生才能敞开心扉，袒露心声。在谈话过程中，如果班主任带有厌恶的情绪，甚至皱一皱眉，有一点走神，学生都会敏锐地觉察到。若让学生产生一种被轻视、被愚弄的愤怒，就会引起师生间的对立情绪，影响谈话效果。

3．尊重原则

班主任与学生谈话时，要态度和蔼，给对方以亲切感、实在感，要倾听对方的诉说，让对方把心中的体验、感受、困惑、疙瘩、怒气、忧愁尽情地倾诉出来；不要随意打断学生的话语，要正面引导，鼓励帮助；不要高声训斥，挖苦讽刺，话难听、脸难看。尊重学生，理解学生，这样学生才会为之倾心，与之交心。

4. 差异原则

班主任与学生谈话的方式要因人而异，因事施法，不可千人一面。要根据对方的性别、年龄、性格特征、情绪心态、表现情况，根据谈话的内容、主题、环境等诸多因素，具体问题具体分析。有的同学是直性子，性情豪爽，谈话就要开门见山。有的同学自尊心较强，谈话就应含蓄一些，旁敲侧击。

在遵循这些基本谈话原则的前提下，班主任与学生谈话，还必须讲究方法与技巧，这样才能让谈话的效果最大化。具体地，应该做到如下几点。

（1）谈话前应有明确的目的，对谈话内容要有所准备，使用的方法要有所选择。

谈话既然是班主任重要的工作方法，那么每次谈话要达到什么目标，对学生进行哪方面的教育，班主任应做到心中有数。明确的谈话目的对整个谈话过程起着调节作用。无目的的谈话只是徒费口舌，无助于工作的开展与学生的思想转变。

每次集体谈话要有明确的主题，每次个别谈话要围绕和针对主要问题。为了保证谈话的效果，充分体现谈话的艺术，班主任必须对要谈的内容有所准备。集体谈话，可围绕主题，学习党的有关方针、政策，阅读有关书籍、报刊，联系学生思想动向，作认真思考，拟定提纲。个别谈话，要预先想好解决的问题。对学生的错误事实，要了解清楚，免得谈话时无的放矢。

不同目的、不同内容，要有与之相适应的谈话方法，才能体现教育效益。方法不当，往往事与愿违。集体谈话方法得当，可让学生群情激奋，深受教育，促进班级建设；个别谈话方法得当，可使问题迎刃而解，学生口服心服，不致引起学生的逆反心理、抗拒心理。

（2）谈话中要随时观察、了解谈话对象，根据学生的心理状态调整谈话过程。

谈话过程中，学生在接受了班主任传达的语言信息后，会作出各种不同的反应。学生的反应一般通过语言、面部表情、情绪或行为表现出来，班主任要随时注意观察、了解，结合自己对学生已有的了解，联系学生的个性特点或班级状况作应变思考，然后，根据学生的心理变化和具体反应，及时调整谈话过程。

谈话或严厉或缓和，或直接或委婉，或深入或发散，或诱导或抨击，或表扬或批评，完全以问题的性质、学生的个性及反应的表现而定。对谈话过程的调节与控制，要以保证谈话效果为原则，要坚持应有的教育原则与道德准则，不可随意迁就放任学生。

（3）谈话的态度要诚恳，阐明事理，循循善诱，施以爱心，以情感人。

班主任是教育者，培养学生健康地发展是自己神圣的职责。以诚待人，才能得到满意的回报。班主任谈话，既然是培养、教育学生的过程，那么态度就要诚恳，只有诚恳，方能使话语入耳、动心，如果苛以训斥、羞辱，只能伤害学生自尊，促其向坏的方面转化。

班主任在谈话中，要不断阐明事理，帮助学生树立道德观念，明辨是非，判断善恶，坚持正面教育，循循善诱，因势利导，不能强迫体罚。现在的学生因受社会不良因素及影视消极内容的影响，对正确的道理，往往充耳不闻，甚至产生逆反心理，这就要求班主任进一步提高谈话艺术。

另外，班主任在教育过程中，对学生要施以爱心，只有对学生充满爱，才能使自己有耐心，更机智。有些个性强的学生，道理听不进，硬压他不怕，可就服班主任的情感感化。班主任处处关心、爱护，谈话动之以情，就能使学生明晓事理，愿意接受班主任的劝导，此所谓"吃软不吃硬"。班主任在谈话中，可以情理交融，以诚为催化剂，这样可以使谈话行之有效。

（4）把握谈话时机，精心选择谈话的时间、地点和场合。

班主任与学生谈话，有一个把握最佳时机的问题。过早，时机不成熟，"话不投机半句多"；过迟，事态已扩大，悔之晚矣，因此，班主任要把握谈话时机，精心选择最佳时间，最有利的地点和场合。

时间的选择要根据工作安排情况及学生思想状况与情绪表现而定。如学生情绪不稳，容易激动发火，此时不宜谈话；如果工作学习太忙，谈话时，学生也会心不在焉。

地点、场合的选择对个别谈话尤为重要，应由班主任根据问题性质及学生气质特点等具体情况而定。如内向的学生宜选择僻静的地点，或在家里进行；对比较敏感的问题，如早恋问题，要选择无人的谈话场合，以免引起不良影响。

（5）把握讲话的分寸，注意讲话的语气、声调和节奏。

班主任谈话，负有教育学生的责任，因而对学生的缺点、错误及存在的问题，要作出中肯的分析。要使分析合情合理，除具有一定的理论水平、思想工作经验和熟悉学生的情况外，在语言表达上也应有较高的要求。

①要把握讲话的分寸。不能夸大事实，无限上纲，也不能避重就轻，掩盖矛盾，要做到语言准确、鲜明，合乎逻辑，对问题作出判断，要有充足的理由，要符合学生的心理特点，这样才便于学生接受，切忌盲目武断、主观臆测。

②要注意讲话的语气、声调和节奏。做思想工作的谈话，语气要和缓、委婉，声调要抑扬顿挫，有变化。既不能四平八稳，如和尚念经，也不能声色俱厉，似急风暴雨。和缓、委婉的语气，会给学生一种亲切感、信任感，不会造成学生心理上的压抑，也不至于激化矛盾，便于师生双向直接交流，沟通思想，创造和谐的谈话气氛。讲话节奏要适中，太快，没有思考的余地；太慢，则缺乏生气，这些都影响谈话效果。

（6）谈话后要采取一定措施，巩固谈话的成果，及时反馈学生的表现情况。

为保证谈话的效果，不仅要在谈话前准备，谈话时调节、控制，而且要在谈话后反馈、巩固。班主任的谈话一般对学生都会有所触动。有的把班主任的要求落实到行动中，积极进取，再接再厉；有的把班主任的话当作耳边风，我行我素；还有的可能由于逆反心理或抗拒心理作祟，不但对过去不予反省，反而变本加厉，为所欲为。对于前者，应予表扬、鼓励；对于后两种情形，就要根据新情况，再次与之谈话，并采取其他补救措施。

　　班主任的一两次谈话，是不可能"包治百病"的，但如果班主任能通过及时反馈，掌握了学生的心理动态，进而不断采取有效措施，对症下药，那么，谈话未解决的问题就可以在其他形式教育辅助下获得解决。只有这样，才能做好学生的思想品德教育工作，不断促进学生健康成长和保证班级工作的开展。

第七章
班主任转换后进生的艺术

要想成为一名合格的班主任，就必须做好后进生的转化工作，其实这也是每一位教育工作者的义务和责任。而且要当一名优秀的班主任，就必须对学生"爱之深，知之备，导之以微，喻之以理"，即要热爱学生，了解学生，善于诱导，这样才能教育好学生，改变后进班的面貌。

大量事实表明，后进生并非天生的后进，也并非无可救药。后进生是可以转化为先进生的。但要做好后进生的教育转化工作也绝非举手之劳，这需要掌握一定的教育学、心理学和班级教育管理理论，并且通过对这些知识和理论进行艺术化地利用，来实现对后进生的转换工作。

第一节　后进生产生的原因分析

据全国少年先锋队工作委员会一项统计表明，我国3亿学生中有5000万学生被教师和家长列入后进生行列。在基础教育全面改革与发展的今天，素质教育的新理念——"以人为本"、"全面发展"、"培养创新人才"已遍及大江南北，且成为教学本性的精神实质。实施素质教育，其中重要的内涵之一便是"面向全体学生"，而"面向全体"的最大障碍又是后进生。

无论你承认与否，每个班集体中都有"后进生"。因为任何有群众的地方，大致都有比较积极的、中间状态的和比较落后的三部分人。后进生的转化工作是班主任工作的难点之一，也是班主任感到最棘手的问题。

我国教育界关于"后进生"的提法，大约产生于20世纪50年代后期。"后进生"的概念已在许多教育论著中被确认。但在实际工作中，一些教师对后进生概念的理解还比较模糊。有的把比较调皮、不听话的学生视为后进生，但这些学生的学习成绩不一定就很差，也没有犯大错误；有的把学习成绩一贯不好的学生视为后进生，但这些学生往往安分守己，学习未必就下工夫；有的把违法犯罪、受处分的学生看作后进生；还有的认为低年级学生特别是小学低年级学生中不会有后进生等。如果连教师本身都没有一个客观的评价标准，那就很难做好后进生的转化工作。

在《教育大辞典》第一卷中，对"后进生"、"差等生"、"双差生"有这样的定义："后进生"是思想品德发展上距离教育目标的要求较远，在思想行为上存在较多的缺点，落后于一般同学的学生；"差等生"亦称"差生"，是不能按规定完成学校作业或学习成绩低于一般水平的学生，现中外各国一般均尽量避免使用这个词；"双差生"是指思想品德和学习成绩都差的学生，现一般避免使用这个词。

129

那么，到底什么样的学生是"后进生"呢？在教育实践中怎样理解"后进生"的概念呢？我们所讲的"后进生"，是指在教育的主导影响下形成的一部分特殊学生，而不是指由某些遗传的或生理的因素造成的智力落后、反应迟钝、神经质、脑功能轻微失调（多动症）等的儿童，也不是指已经走上犯罪道路，具有"反社会行为"的"问题儿童"。我们认为，所谓"后进生"，是指在品德和学业两个方面都距教育目标的要求相差较远，落后于一般同学的学生。

后进生，无论是思想品德上的后进，还是学业成绩上的后进，都不是一朝一夕形成的，而是长期慢性发展的结果。"治病先找源"，我们要教育后进生，做转化后进生的工作，首先要了解后进生，了解他们的生活环境、家庭结构、人际交往情况、成长的过程等。因为不了解后进生形成的原因，就无法做后进生的转化工作。

后进生的形成，总的来说有内、外两方面的因素。从外因方面来看，家庭不良教育的影响，学校教育的失误，以及直接来自社会的不良现象的影响，是造成后进的重要原因。这三个因素在学生成长的不同年龄阶段和不同学习阶段所起的作用是不同的。

1. 家庭不良教育的影响

家庭是社会的细胞，也是孩子降临人世后的第一所学校。父母是孩子的启蒙老师。家庭教育是极其重要的。因家庭原因造成学生后进的，大致有如下几种情况。

（1）家庭不和睦，父母经常吵嘴打架。

（2）父（或母）长期因病无力照顾孩子。

（3）家庭结构不健全，缺父或缺母。

（4）父母远隔两地工作或双职工工作太忙，对孩子无力照管或放任不管。

（5）老人或父母过分溺爱孩子，一味袒护孩子的过错，使家庭教育与学校教育脱节。

（6）教育方式简单粗暴，使孩子受到不公正的对待，甚至采取棍棒教育。

（7）父母对孩子教育要求不一致。

（8）对孩子的要求有片面性，或者只关心学习成绩，而不关心品德表现；或者只要求不做错事，而不是鼓励积极进步。

（9）父母或其他家庭成员某些错误思想认识和不良行为的影响。

（10）家教无所遵循，完全没有计划性，也没有必要的家规，平时零打碎敲，出了问题就乱抓一气等。

2. 学校教育的失误

学校教育是社会主义教育重要的组成成分。学校教育肩负培养教育下一代的历史重任，广大教育工作者不仅要传授给学生科学文化知识，而且要培养其具有良好的道德行为，陶冶他们的情操。但是，教育功能发挥得如何，这同学校领导和教师的思想观点、道德情操、工作作风、文化修养等有着重大关系，它会直接影响到学生的成长。学校教育的失误主要表现在两个方面。

（1）领导方面的失误。主要表现为办学思想不端正，片面追求升学率，不注重素质教育，即没有坚决贯彻党的教育方针，没有在促进学生全面发展方面下工夫，而是赶浪头、图虚名。

（2）教师方面的失误。主要表现为对表现差的学生缺乏信心；对待有缺点的学生不公正；学习指导和行为矫正上的做法错误；滥施赏罚，奖惩不分明；教师不能为人师表，在各个方面没有起到表率作用。这些存在于教育方面和教师方面的失误，或多或少都与后进生的形成有关。

3. 社会不良现象的影响

社会不良现象的影响包括许多内容，对学生影响最直接、诱惑力最大的主要有这几个方面：社会上某些不正之风的影响；内容不健康的电影、电视、录像、图片、图书等对学生的侵蚀；流散在社会上的同龄人或团伙的不良影响；犯罪分子的诱骗、腐蚀和教唆；其他耳濡目染的不良信息的影响。

与家庭、学校不良因素的影响相比，社会不良现象的影响特点在于它更具有直观性和形象性，更能抓住和迎合这部分学生不健康的需要，因而具有更大的诱惑力和危害性。

4. 网络的负面影响

互联网为人们获得信息带来了极大方便，但是它的开放性以及网上信息的即时性和无选择性，客观上也方便了一些精神垃圾进入校园，走入家庭，撞击学生的心灵。

网络世界对于思维活跃、兴趣广泛、追求新奇、刺激而又缺乏分辨和自控能力的学生具有极强的诱惑力，它使学生分心，家长担心，学校忧心。

5. 个人方面的原因

随着社会的不断发展，人们生活节奏的日益加快，竞争意识越来越激烈，人际交往纷繁复杂。学生直接或间接地受社会、家庭、学校压力的影响，因智力、体力、外貌以及某些生理缺陷带来的限制，长期压抑，会产生一定的挫折感和一定的心理障碍，如情绪的反常、注意力的分散、性格的偏执等，从而感到自卑，难以融入群体，显得与大家格格不入，久而久之，就进入了后进的状况。

第二节 掌握后进生的心理特点

班主任要教育转化后进生，不仅要了解掌握导致后进的外部因素，还要善于观察、分析形成后进的内部因素，掌握他们心理上的特殊矛盾和心理问题，有针对性地开展教育工作，才能收到良好的教育效果。

无论是先进的学生，还是后进的学生，都存在着内心矛盾的斗争。学生心理发展的内因即内部心理矛盾：一方面是由社会要求转化而来的新的需要，另一方面是已有心理发展的水平尚不能满足这种需要，二者的矛盾斗争和统一，构成了学生心理发展的根本动因。

没有内部心理的矛盾，学生也就失去了发展的内部动因。掌握学生心理特点关键是要看学生内部心理矛盾是朝着健康良性的方向发展，还是朝着不健康非良性的方向发展。如果是后者，那这部分学生就由于个体心理发展的动因，在外部不良因素的作用下，使其变为后进生。变为后进生以后，就有了与普通学生不同的特殊的心理矛盾，主要体现在以下几个方面。

1. 需要与需要得不到合理满足的矛盾

需要是人的活动的内在动因的基础。青少年随着身心的发展，不断产生新的需要，而这些需要是否得到满足对青少年的行为有很大的影响。青少年的需要既有物质上的，也有精神上的，我们不可忽视任何一方。

什么是需要的"满足"？一是合理的需要是否得到满足，二是需要的满足是否合理。如果一个学生因刻苦练字，铅笔用得比较多，他向家长要钱买铅笔时，家长若以表扬为前提，鼓励他继续刻苦练习，立志做一个书法家，这个学生就会对写字继续抱有兴趣。但是如果家长认为这样太浪费，埋怨他不会节俭，就会使这个学生失去练字的决心和兴趣。

当一个学生开始体验一种尖锐心理矛盾，即一方面是需要的"恶性膨胀"，另一方面是需要又不能得到满足的时候，这种矛盾激化的结果往往是在感情上逐渐疏远父母、老师和同学，行为上逐渐出轨，久而久之，这样的学生就容易逐渐变为后进生。

2. 自尊与得不到应有尊重的矛盾

人人都有自尊心和荣誉感，后进生不但有自尊心和荣誉感，而且有时表现得格外强烈。当其得不到应有的尊重时，便形成尖锐的心理冲突，构成后进生的心理"病因"。

后进生由于他们身上的缺点和不足之处较多，加上他们有时自我尊重不够，言行不一致，结果往往得不到别人的尊重，这是他们得不到尊重的自身因素。同时，也有因别人对后进生采用不正确的看法和态度所致。

无论是他人尊重不够还是自我尊重不够，都是自尊心得不到正确的引导和应有的尊重，因此心理很容易受到挫伤，导致他们往变态方面发展。所以，要求班主任、科任教师和家长及同学要理解、体谅后进生，尊重和相信他们，不轻易提及他们所犯的过失，要鼓励他们看到自己身上的闪光点，激发他们的进步欲望。

对于后进生的批评教育必须建立在高度的尊重基础之上。粗暴的训斥，不应有的批评，定势影响下对一些问题的处理，都只能损伤后进生的自尊心，使那种要求得到而实际得不到的心理矛盾表现得更加尖锐，甚至形成父（母）子对立、师生对立，以致任何教育管理措施都不能发挥其应有的功效。

3. 言行易脱节，认识与行动不一致的矛盾

有人经过调查研究发现，后进生和先进生在道德判断测验中所得的成绩无显著差异，有个别后进生甚至还优于先进生。在性格方面，后进生言行不一致，认识和行动不统一：有的后进生说到做不到，做到的又没有认识到；有的在不同的场合行为的表现也截然不同，如有些学生在学校里非常调皮捣蛋，而在家里却非常听父母的话并能主动帮助父母料理家务。

总之，对后进生的言行要客观分析，后进生的表现并非一好百好，一败俱败。他们有时在认识上也有一定的是非观念，有时在行动上能做些好事，他们此一时这样做，彼一时又那样去行动。后进生之所以常常会言行不一，认识与行动不一致，究其主要原因是性格缺乏完备性，是性格分裂的征兆。这种分裂征兆的蔓延，将会成为后进因素大量滋生的心理土壤。

4. 好胜而不能取胜的矛盾

后进生同样希望得到老师的表扬，同学的赞许，但由于自己的学习成绩差、同学关系等客观因素，加之自身的缺点和不足，往往得到的是批评、斥责，甚至冷嘲热讽，使其好胜心受到损伤和打击。

如果后进生好胜的心理，不能在良好的行为方面得到满足，他们就会反其道而行之。如有的学生在学习上屡遭失败，不能取胜，于是就会想方设法在其他方面，如在不良行为上表现"出人头地"，来满足自己争强好胜的心理，如果班主任不及时加以指导，好胜心虽然得到了满足，但不良行为却得到了强化。如此恶性循环，势必会造成该学生思想品德和学习上的更加后进。

5. 上进心与意志薄弱的矛盾

后进生无论在品行或学习方面，都有愿意进取向上的积极一面，即使是对前途失去了信心的学生也往往会出现上进的愿望。但是上进是一个艰苦的、反复的过程，需要主观付出艰苦的努力才能实现。

后进生在长期内形成的懒散、学习时注意力不集中、意志薄弱等不良习惯和心理缺陷，必然会增加上进道路上的困难。学业成绩不好的学生，大多数都不是智力方面的原因，而是由于学习不得法或目的不明确，学习态度不端正，学习不曾获得过愉快的体验造成的。后进生也想在学习上力争上游，但自己不能克服不良的行为习惯和意志薄弱等心理缺陷。

学生变为后进生总要经历一个复杂的过程，有很多方面的原因，其特殊的心理问题是主要的，也是众多因素造成的。班主任要了解后进生的心理活动，善于从细小的活动中发现他们思想中闪光的东西，抓住时机给予扶植和引导，帮助他们同阻碍他们前进的不良习惯和意志薄弱的心理作斗争。对于任何一点上进的要求和愿望，不管其动机如何，都要抓住它，扶植它，使它由小变大，由少变多，由为个人到为集体、为国家。

第三节 爱是转换后进生的基础

热爱每一个学生，是教师职业道德的基本要求之一。但由于应试教育把升学率和考试分数作为评价学校办学水平和衡量教师教学质量的唯一标准，只把一部分学习成绩优秀的学生看作人才，导致一部分班主任把注意力和关爱之心只集中到那些高分、升学有望的学生身上，结果丢弃了对全体学生特别是后进生的"爱"。从而偏离了基础教育的教育目标和教师职业道德，也使得一部分教师对大多数学生的冷漠甚至是歧视，压制了这些学生个性、健康、和谐地发展。加之一些地方将学生考试分数和升学率的高低与任教教师的工资福利待遇挂钩，驱使了教师功利观念的强化，只为利、为高分而教，严重地损害了教师的作用价值、人格力量和师表形象，更为严重的后果还在于污染了青少年学生纯洁的心灵。

每一个教育工作者都懂得，爱是教育的基础，热爱学生是教师的天职，没有爱，也就没有教育。别林斯基说："爱应该是教育的工具。"马克思也认为"只能用爱来换爱，只能用信任来交换信任"。因此，热爱后进生是转变后进生的前提。

教育管理的效果并不取决于教育的意图，而是取决于师生间的接触和亲密无间的师生关系。只有班主任对后进生倾注真诚的感情，后进生才会"亲其师，信其道"，自觉愉快地接受教师的教诲，接受老师所传授的知识，在爱的氛围中取得进步。

爱，是教育转化后进生的感情基础。爱，是普遍存在于人们身上的一种心理需要。每个人都希望得到别人的爱，也愿意去爱别人，人的生活中充满着爱的关系。

一个学生不仅希望得到父母的爱，更期望着教师的爱。我国现代著名教育家陶行知先生对教师曾说过"你的教鞭下有瓦特，你的冷眼里有牛顿，你的讥笑中有爱迪生"。苏联伟大的理论家、教育家捷尔任斯基说过："谁爱孩子，孩子就爱他，只有爱孩子的人，才能教育孩子。"这些话，从师生关系上精辟地论述了师爱在教育工作中的极端重要性。

许多学生重视师爱胜过父母的爱，对于师爱的反应要比对父母的爱的反应还要强烈。当教师给后进生以爱，当教师以自己热诚的情感去满足后进生的情感需要时，后进生是听话的，是容易接受教育的。

教师的爱对于学生来说虽然是一种外部条件，但由于它能促使学生积极的情绪体验，因而可以转化成为学生接受教育的内部动力。班主任有了爱学生的情感才会时刻把后进生放在心上，为教育后进生而不惜呕心沥血。后进生进步了，他欢欣鼓舞；后进生反复了，他焦虑不安；学生犯了错误，他痛心和自愧。

有了这种爱，班主任才会乐于去做那些对教育后进生有益的繁杂琐碎的工作，才会主动热情地去亲近学生，发现他们身上的优点和长处，钻研和创造教育的艺术和方法；有了这种爱，才能以更大的耐心和韧劲教育和转化后进生，才能不怕后进生出现反复，才能"不见后进变先进"而誓不休。

爱的交流，是班主任做好后进生转化工作的前提。班主任工作的对象是活生生的有感情有思想的学生，若一种要求和意见被学生认为是出于班主任的好意，他们在情感上就会产生肯定的倾向并愉快地自觉自愿地接受，这就是所谓的"情通而理达"。相反，同样的要求和意见，若被学生认为是恶意，他们就会紧闭心灵的大门，无动于衷，严重的还会产生抵触情绪和对抗行动。

师生间的信任和友爱对教育工作的影响是很大的。爱的交流可以沟通师生间的思想，协调师生间的关系。学生对班主任愈加信赖，班主任的要求就愈加容易被学生接受并转化为学生自己的思想和要求，形成他们的觉悟和决心，鼓励他们去实践自己的诺言。正所谓"亲其师，信其道"。

当学生意识到你是真心爱护他、关心他、为他操心时，无论是耐心的诱导，还是严肃的批评，甚至必要的斥责，都是有效的。此时，班主任的爱发挥了有效的转化作用。师生的情感沟通了，在进行教育的时候，彼此就像有了一个无形的导管，思想的交流，道理的传递，就畅通无阻了，其效果有时甚至会超过教育者的要求。

无论在教育过程中，还是在教学过程中，各种教育因素一旦由教师的爱胶结起来，就可以产生巨大的教育力量，提高教育的效能。没有师生间爱的交流，就不能做好后进生的转化工作。

后进生，渴望班主任的爱。真诚的关心和爱护可以融化一颗冰冷的心，可以使人摆脱忧伤和苦闷，可以使人振作勤奋。爱是真正促使人复苏的动力。在教育过程中，教师热爱学生，不仅是教师职业的一种客观需要，也是学生学习、生活的一种主观需要。

后进生和其他学生一样，也有渴望别人关爱的基本需要，但这种需要却常常不能得到满足，班主任如能给后进生以真诚的疼爱，便能触动他们的心弦，引起他们强烈的情感震动和深刻的内心体验。由于情感能反作用于认识，他们的认识因此就会产生转变。

后进生也有苦恼，甚至自卑，因而他们更需要理解和关心。一个好教师意味着什么？首先意味着他是这样的人，他热爱孩子，感到跟孩子交往是种乐趣，相信每个孩子都能成为一个好人，善于跟他们交朋友，关心孩子的快乐和悲伤，了解孩子的心灵，时刻都不忘记自己也曾是个孩子。

热爱学生，要爱得真，爱得深，还要爱得持久。这三点中，首要一点是爱得真。三者是互相联系，缺一不可的。大量的事实和经验已经证明，关心和爱护是转变后进生的前提和基础，教育和转变后进生的诀窍就在于爱。

第四节 激发后进生的学习兴趣

后进生的共性之一就是对学习缺乏浓厚的兴趣，他们往往把学习看作一种负担，对所学学科感到枯燥无味。然而学习活动是学生实践活动的重要组成部分，是继承人类已有的知识、智力成果的唯一途径，也是自身发展和生存的需要。

学生大部分时间是在学校度过的，学生的主要任务就是学习科学文化知识。学生的天职就是学习，不学习就是虚度光阴，也必然会把时间和精力投入到与学习无关的事情上，这不仅会限制自身的发展，甚至会走上违法犯罪的道路，危害社会。因此，激发和增强后进生的学习兴趣是至关重要的，是转变后进生的关键一环。

那么什么是兴趣呢？兴趣就是力求认识某种事物或爱好某种活动的倾向，就是学习和思考时带着的一种高涨的、激动的情绪。学生学习活动有显著的特点，他们观察、记忆、思维、注意都带有浓厚的情感色彩，因而学习兴趣就具有突出的重要性。培养学生对学习的兴趣，不仅是转化后进生的重要手段，也是教师完成教学任务，提高教学质量的关键。

影响学生对某一学科学习兴趣的因素有社会、家庭、学校、学生自身四个方面。其中教师的教学效果、学生本人的思想和知识基础的影响是直接的，而社会上对该学科的重视程度、家族的要求的影响则是间接的。直接的因素有较大的可变性，间接的因素有较强的稳定性。培养学生的学习兴趣，应从改变直接的、可变的影响因素入手。

学习兴趣的问题是反映在每一个学生身上的问题，但在后进生身上所表现出来的是学习兴趣的极其缺乏。教学活动是师生共同的、双边的活动，所以要培养学生的学习兴趣就必须从教和学两个方面入手。

教师在教学过程中起主导作用，学生学习效果如何，和教师的"教"

是密不可分的。诸如提高课堂教学语言的生动、形象性演示、直观教具，适当的表扬与鼓励，课外活动、竞赛等等。而班主任培养后进生的学习兴趣主要应从学的方面入手，即从学生自身方面考虑，班主任主要应该做好以下几个方面的事情。

1．树立学习的信念

在不明确学习目的的情况下，一味地强制学生学习是不会取得理想效果的。因此，必须使学生树立一种信念、目的，让学生认识到艰苦的学习对自身的发展和将来的工作是大有益处的。这主要应从培养学生的间接兴趣出发，从学习的必要性出发，激发学生学习的积极性。

2．明确学习目标

实践证明，目标的明确和具体，可以使学生乐于学习，提高学生的学习成绩，增强学习积极性。如果不确立学习的具体目标，就容易影响甚至挫伤学生学习的积极性。

只有确立了目标之后，才会激发学生为实现这一目标而努力的积极性。反过来，目标的实现可以使学生有一种自豪感和成就感，这样就会进一步激发学生学习的积极性，产生一种良性循环。为了使目标能充分发挥激励作用，就要尽可能使确立后的目标具体，而且让学生易于接受。

3．制订切实可行的学习计划

并不是所有的后进生都无正确的学习动机和明确的学习目的，有的后进生虽然有正确的学习动机和学习态度，有学好的愿望，但是没有合理的、切实可行的学习计划，结果学无收获。他们希望获得成功但又常常失败，自然就没有兴趣可言，久而久之学习对他们来说就成了一件痛苦的事情。

因而正确引导学生制订经过努力能实现的计划，是调动学生学习积极性的有效方法之一。班主任通常是对所有学生制订统一的学习计划，而实质上制订学习计划应该要因人而异，不然会阻碍学生的学习情绪和学习积极性。

4. 从失败中吸取教训

后进生往往失败多于成功，班主任要帮助后进生分析失败的原因，找出成绩不佳的症结所在，使他们明白怎样做才能避免失败。切不可过分地责难学生的失败，尤其是后进生，这样不仅不会起到积极作用，相反，还会挫伤他们学习的积极性。

5. 要有自信力

后进生学业成绩不佳的原因是多方面的，有的学习态度端正，但因基础不扎实，学习难争上游。时间久了，失去了力争上游的信心，学习兴趣被抑制；有的有较好的基础，也有要求进步的愿望，但缺乏意志力；有的基础扎实，条件很好，但注意力集中在非学习的事情上等。

所以，班主任不要把成绩不佳的原因归结为能力不足。如果把成功的原因归结于能力，那么，下次去完成一件事时也抱着成功的希望去做，学生的积极性就会更高；如果把失败的原因归结于自己努力不够，那么下次去完成一件事时，就会更加努力，为取得成功而努力。不然就会使学生产生自卑心理，做事感到成功的希望渺茫，因而提不起学习的积极性。班主任切不可说出否定后进生能力的言论。

6. 寻找最佳学习方法

有了正确的学习动机，明确的学习目的，掌握最佳的学习方法就显得尤为重要了。有些后进生有学习的积极性，知道应该认真学习，但是找不到适合自己的最佳学习方法，因此学习成绩提不高，积极性也调动不起来。在这种情况下，班主任要给予学生以明确的指导，帮助他们选择那些适合自身特点的学习方法，一定不要教条似的空喊："学习！学习！"使学生学习的积极性受到抑制。

7. 辩证运用参照物

看一个学生是否进步，不仅要进行横向的比较，即与其他学生比较，还要进行纵向比较，即和学生自己的过去比较，就是要辩证地运用参照物。学习成绩如何，进步多大，都要尽可能采取明确而具体形式传递给学生。不要把眼光局限在一次的成绩上，而要让学生看到他们的进步。这样他们就会体会到成功的甘美，感受学习给他带来乐趣。

此外，培养后进生学习兴趣的方法还要尊重学生的自主性，同时给予必要的指导，惩罚要适度，不要因后进生完不成作业，而加大作业量，其结果往往适得其反，使他们消极抵抗，为完成作业而写作业等。

第五节　转换后进生的其他注意事项

在教育转变后进生的工作中，班主任肩负着主要责任。但是，后进生的教育和转化，只依靠班主任或班集体单方面的力量是不能完全取得效果的，必须动员发挥各方面的力量协同工作。

人的思想品德不是与生俱来的，而是后天形成的，是后天社会生活综合作用的结果，先天的遗传素质仅仅给人的发展提供了物质前提。后进生的思想品德总是在家庭、社会、学校等多方面影响下形成的，是一种多维、多渠道、多层次、多面体的产物。有的来自家庭，有的来自社会，有的来自学校，有的来自邻里伙伴，有的来自校外教育机关。在学校中有的来自教师，有的来自团队、学生集体组织，有的来自课外活动；在家庭中可以来自不同的成员；在社会方面可以来自各种现象、事件或其他环境。因此，班主任要协调各方面教育力量对后进生施加积极的影响。

班主任转换后进生，需要协调学校教育内部的影响。学校内部教育力量主要是通过学校领导、教师集体的力量体现出来的，因此协调好学校领导、科任教师的教育影响是非常重要的。班主任要协调好科任教师之间及科任教师与学生之间的关系：促使教师之间统一认识，步调一致，齐抓共管，共同做好后进生的教育转化工作；促使师生之间相互理解，增进师生间的思想感情。

班主任转换后进生，需要协调学校与学校外部教育力量，即协调学校、家庭、社会三方面的影响。协调这几方面的影响形式是多种多样的，工作要细致周密。如聘请校外辅导员，组织校外参观和开展社会实践调查，邀请英雄模范人物作报告等。

俗话说：冰冻三尺非一日之寒。后进生的错误认识、不好的行为习惯并非一下子形成的，学生思想品德的形成是一个长期的过程。当然也不是班主任几次耐心的谈话、批评教育、甚至处分就会转变的，所以只有依靠家长、同学、其他教师多方面帮助，社会各方面教育力量协同一致，为后进生的转化创造一些有利的条件，造成一种积极向上的氛围，才能促使后进生有所醒悟和转变。

另外，班主任要正确对待后进生的反复。后进生的进步，一般都会出现反复，这是思想品德发展的规律。因为学生思想觉悟的提高，道德行为习惯的形成，是一个反复发展的过程，不是直线上升的过程，而是曲折的螺旋式上升的过程。

我们知道，即使是传授某种知识也需要经过多次反复，才能真正被人们掌握。学习知识，掌握知识就必须同遗忘作斗争，知识的遗忘或谬误，要经过多次复习、实践才能得到纠正。一个人思想觉悟的提高，良好道德行为习惯的形成，更不是一朝一夕的工夫所能奏效的。

由于内外各种因素的影响，变化和反复往往是很大的。就拿培养道德情感来说，人们喜爱善的东西，憎恨恶的东西。但生活常识表明，人们并不是对所有认为是善的东西都赋予真挚的爱，对所有认为是恶的东西都能切齿的恨，只有经过反复的认识、反复的感染，才能真正从感情上善善恶恶，爱其所爱，恨其所恨。

一个学生思想品德水平的提高，并不是一次教育活动、一次谈话所能达到的，而是多次的、多方面一致的教育才能达到的。尤其是后进生的教育与转化，某种不良品质的纠正和改造，还会有多次反复。

后进生在进步过程中的反复因人而异，有的反复次数多，有的反复次数少，有的反复程度高，有的反复程度低。任何一个后进生，都没有直线前进的先例。在前进中反复，在反复中前进，因此反复也是按照客观规律进行的。在对待后进生的反复问题上，班主任应该做到以下几点。

1．分析反复的原因

当后进生在转化过程中出现反复时，班主任要调查清楚反复的原因，是坏人的引诱，还是受到了不良现象的影响，还是在困难面前不坚定，意志薄弱。特别要看到，出现反复往往不是简单的重复。这些都要求班主任作深入的调查了解，分析反复的情况和原因，坚持不懈地、细致地工作，引导他们从反复中总结经验教训，变坏事为好事。

2. 有备无患

班主任要把思想工作做在后进生出现反复之前，这样，可以减少反复的次数，降低出现反复的程度。对后进生的反复班主任要早有预见，做到心中有数，以不反复应反复，反复抓，抓反复，一抓到底，抓出效果。

3. 要有耐心，不急躁

班主任对后进生的教育和转化要有耐心，要善于抓反复、反复抓，在耐心、反复的教育过程中，班主任对他们的要求应逐渐提高，使他们看到希望，增强信心，又使他们不满足现状，引导他们向着新的目标迈进。

对后进生的反复不能急躁，教育转化后进生最忌讳的就是"一急、二火、三粗暴"。教育转化后进生的工作是一场韧性战斗，不可能是一帆风顺，一劳永逸的事，在某种意义上，与其说是对后进生的一种考验，还不如说是对班主任的一场考验。

4. 态度冷静，抓住闪光点

对后进生的反复要持以冷静的正确的态度，并且加以引导，后进生就能在反复中取得曲折的进步，最终变为优等生。

班主任如果善于从后进生的反复中看出新生的因素，能够抓住后进生表现出的闪光点和进步之处，就能对后进生的转化起促进作用。

第八章

班主任形成教育合力的艺术

　　对学生的教育影响，是由各方面教育力量的共同作用决定的，教育成效是各种力量的博弈结果。如果各方的教育步调统一，互相促进，它们的合力就大，效果就好；如果各方教育不一致，就产生分力，教育影响就被削弱，甚至抵消。因此，要做好学生的教育工作，就要协调好各方的关系，形成并增强教育合力，减少分力，取得教育的整体效应。

　　在班级管理活动中，班主任并非唯一的教育者和管理者，各科任教师、学校领导、学校团队组织、家长、社会教育力量，也都在学生的成长中发挥着不同的作用，各方面的教育力量形成合力，班级管理组织目标才能最大限度地得以实现。作为班主任，就是要协调好各方面的教育力量，使各方教育力量形成一股向前的合力，使之有利于班级的管理和学生的发展。

第一节　班级教育合力概述

所谓班级教育合力，就是为了实现教育目标，在班主任的指导下，以班级为基础，协调学校、家庭、社会各方面的教育影响，在教育方向上统一要求，时空上密切衔接，作用上形成互补，协调一致，形成的整合一致的教育力量。学校、家庭、社会三方面教育协调一致，相互配合，形成教育合力，对发挥教育的整体效应有着重要意义，主要体现在以下三个方面。

1. 有利于实现整个教育在时空上的紧密衔接

一个学生，其生活环境主要包括家庭、社会和学校三个方面。这三方面中的任何一方面失控，都会导致整个教育在时间和空间上出现断裂和空白。据有关方面调查了解，在当前，辍学、家庭有缺陷以及居住在风气不正的居民区内的青少年，犯罪率很高。

家庭教育、社会教育和学校教育，无论哪一方面出现空白，都将使对青少年的各种教育无法有机地衔接起来，使青少年在一定的时空内放任自流，失去控制，从而为一些不健康东西的渗入提供了机会。因此，搞好家庭、社会和学校教育的衔接与协调，是整体化教育一个十分重要的方面。

2. 有利于保证教育在方向上的高度一致

在实际教育工作中常有这种情况，学生在学校所受的思想教育，在校外常常会被家长的几句"人生真谛"，或者朋友的几句"肺腑之言"冲得一干二净，也就是我们通常所说的"5＋2＝0"的怪现状。

家庭、学校和社会三方面的教育如果在基本方向上不能保持高度一致，那么它们各自的作用不仅会互相抵消，还会给学生的思想造成很大的混乱。班主任必须时刻对家庭、社会和学校教育的方向问题给予极大的关注，协调好三方面的教育方向，使之保持一致。

3．有利于实现教育互补，加强教育的整体效应

家庭、社会、学校三方面的教育不仅在时空上有所不同，而且在教育内容、教育方法、教育效果上也各有特点。如家庭教育中常伴有丰富的感情色彩和信任气氛，学校教育有严肃性、统一性、计划性、系统性和在集体中进行教育的特点，社会教育在内容上具有多样性、实用性、即时性和补偿性的特点，教育方式也灵活多样。

这三方面各有特点和优势，他们之间很难相互替代，只有把这三方面协调起来，取长补短，充分发挥它们各自的特长和多渠道一致影响的叠加效应，才能取得最佳的整体教育效能。

学校、家庭、社会这三方面教育在青少年一代的教育中作用和特点各不相同，不能相互代替，但学校在这"三结合"的教育中应起主导作用。因为学校是专门的教育机构，在培养目标、教育内容、教育方法手段等方面，有着严格规定和制度化的要求，在教育人员整体素质、教育设备设施及图书资料等方面，有着明显优势，所以组织、协调另外两方面的教育力量，在教育合力中充当主力军的重担和责任，自然就落到了学校身上。

学校的班级管理工作主要通过班主任来进行，因此班主任在形成教育合力的过程中有着极为特殊的地位。

1．班主任是联系科任教师的纽带

任何学生的成长，都是教师努力的结果。学生能否健康成长，取决于班主任能否协调各科任教师，发挥各自的优势，形成一致性影响。因此，班主任要主动与本班各科任教师加强联系，互通情况，统一要求，使本班各科任教师形成一个坚强的集体，发挥集体的优势，获取高质、高效的教育效果。

2．班主任是校内团队组织的指导者

班级里的团、队组织是班集体的核心力量。班主任不仅要依靠团队组

织积极开展工作，而且要指导和帮助本班团、队组织开展好工作，支持和配合学校团、队组织的工作，以充分发挥团、队组织的作用，发挥每个团员、队员在工作和学习上的模范作用，发挥学生集体的教育功能。

3. 班主任是连接学校教育、家庭教育和社会教育的重要桥梁

要协调学校、家庭、社会三方面的教育，使之协调一致，形成教育合力，班主任有着极为特殊和重要的作用。班主任可充分发挥沟通、连接学校与家庭以及与社会有关方面教育力量的桥梁和纽带作用，运用多种形式，积极主动地与学生家庭及社会有关方面互通情况，统一认识，统一要求，统一步伐，争取各方面的积极配合，密切合作，努力创造出一种良好的总体一致的校内外环境，来影响教育每一位学生，控制和消除不良环境对学生的消极影响，以保证学生健康发展，实现教育培养目标。

要形成班级教育合力，班主任就必须与科任教师、学校领导、团队组织、学生家长，以及社会力量等各个方面，各种的类型的人发生交往关系，也就是进行必要的人际交往。甚至可以这样说，班主任形成教育合力的艺术，本身就是班主任人际交往艺术的翻版和具体化。

人是一切社会关系的总和，人际交往是人类社会特定的社会现象。人们为了彼此传达思想，交换意见，表达情感需要等目的，运用语言和非语言而实现的沟通称为人际交往。人类的生产活动和生活离不开人际交往，它是人类生存的一种需要，如果没有交往，没有形成相互作用的准则，没有行动的协调一致，人们进行共同的活动也是不可能的，一切社会形式的运转也将停止，社会也将不会发展和继续存在。

从人类最初开始，人际交往就担负着协调人与人之间的行动和满足个体间心理接触需要的重要作用。人际交往既具有积极正面的性质，也具有消极反面的性质。积极的人际交往，有助于一个人形成良好的品行。反之，消极的交往不利于形成良好的品行，甚至会形成反社会行为。因此，班主任在人际交往中，不仅要使自己与他人的交往是积极的，而且还要注意协调学生与他人的交往向积极的方向发展。

班主任要使班级教育管理工作富有成效，就必须注意人际交往的艺

术。班主任应该成为人际交往的艺术家。学生不仅是处于班主任的直接影响下，而且还受其他科任老师及学生家长等方面的影响。这就决定了同班主任发生人际关系的，有许许多多方面。所以，班主任工作的一个重要的组成部分是如何处理好人际关系。

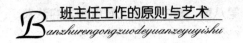

第二节　与科任教师形成教育合力

在我国中小学中，普遍开设了一系列的学习科目，除了极少数规模较小、地处偏远的小学以外，各门课程是由不同的教师分科教学的，各科任教师就成为班级中影响学生发展的力量，班级中所有教师共同承担着对学生的教育工作。

班主任的工作是否卓有成效，不仅仅取决于班主任个人的工作态度、能力和水平，还取决于教师集体及其与班主任的配合程度。马卡连柯说："哪里教师没有结合成一个统一的集体，哪里也就不可能有统一的教育过程。"任何学生的成长，都是教师集体努力的结果。科任教师的作用体现在以下几个方面。

1. 言传身教的榜样作用

教师集体是青少年学生在成长过程中最早接触的、最为接近的成人集体，它为学生提供了成人集体的最初榜样。教师集体所体现的团结一致、相互协作的集体主义精神，认真备课、上课、批改作业的敬业态度，关心同事、关心学生的优秀品质，勤俭朴素的生活作风，都在潜移默化地对学生成长产生影响。长期熏陶下，学生就会逐渐形成良好的班风和优秀的个性品质。

2. 齐抓共管的教育力量

一个班级当中，各科任教师共同负责班集体的建设，可以形成一股合力，促进班级工作的顺利开展。有些学生偏科，在不同的科目中表现大不相同，科任教师经常一起交流情况，共同研究解决班级管理和学生问题的办法，集体做好学生的思想工作，有利于及时发现问题、解决问题，从而促进班级每一位学生的健康成长。

3. 一视同仁的友情力量

各科任教师的气质、性格、爱好及所讲授科目各不相同，往往使不同的学生对不同的科任教师产生不同的态度和情感，使一些学生喜欢这一部分教师，不喜欢另一部分教师。各科任教师共同配合，帮助学生克服亲疏之分，同时对平时不喜欢接近自己的学生加强了解，增进友谊，使学生对科任教师、使科任教师对学生都一视同仁，从而形成教育合力，共同建设好班集体。

因此，班主任应主动与本班各科教师取得联系，互通情况，统一要求，使本班科任教师形成一个坚强的教师集体。班主任协调好科任教师之间的关系，与之形成教育合力，主要要做到如下几点。

1. 统一思想认识，明确共同的教育目标

班主任要主动集合各科任教师，统一思想认识，在开学初向各科任教师介绍本班学生的基本情况，分析班级学生的共性和个性特点，使各科任教师及时了解班级学生的情况，明确教育目的，结合本班实际，共同协商制定班级总体的奋斗目标和工作计划，使班集体目标与科任教师的教育教学目标协调一致。

班主任可以邀请本班科任教师共商班级大事，让班级的奋斗目标得到科任教师的认可，争取科任教师的支持和配合，一个人的能力和水平毕竟有限，如果再得不到科任教师的支持和配合，要实现班级的工作目标是不可能的。为此，班主任要与科任教师保持良好的人际关系，与科任教师心往一处想，劲往一处使。

2. 协调各科任教师的教育行为，明确各自的职责范围

要使各科任教师既完成教学目标，又要在自己的可能范围内教书育人，形成集体合力，班主任除了要定期召开班级科任教师会议以外，还要注意平时加强对各科任教师间的了解，防止科任教师之间为完成各自的教

学任务而可能出现的矛盾。

班主任要尊重、信任、理解每一位教师，做好教师间的沟通与了解、协调平衡工作，正确对待与处理科任教师之间的矛盾，使大家互相理解和支持，共同做好班级的教学和管理工作。

3. 虚心听取科任教师对本班学生各方面情况的反映

从整体而言，班主任对本班学生的感情，要比科任教师与学生的感情密切，因为班主任与学生相处的时间长，共同参与的活动多，对学生了解比较深入，对本班学生所负的责任要比科任教师所负的责任大得多。正是如此，才更需要班主任虚心听取科任教师对本班学生各方面情况的反映，以便更好地担负起自己的责任。

有的班主任喜欢听科任教师对本班学生的赞扬，而不愿意听取科任教师对本班学生的批评；有的班主任对科任教师所反映的本班学生的问题，采取应付了事的态度，不认真解决；还有的班主任对本班学生护短，袒护学生的问题。这些现象都是班主任应该加以注意并力求避免的。为了做好班主任工作，在教师中形成一个坚强的教育集体，班主任必须抛弃一切不正确的思想观念，把教书育人放在首位，不应以自己的感情和对学生的亲疏远近来对待科任教师给学生的评价。

4. 维护科任教师的形象，树立科任教师的威信

班主任如何对待评价科任教师，直接影响自己在学生心目中的形象和威信。要让别人尊重自己，首先就要尊重别人。班主任对科任教师的尊重，正是以自己的行动来教育学生应该尊重他人。很难想象，一个不尊重别人的班主任，自己会得到学生的尊重。

作为一名班主任，要注意维护科任教师的形象，树立科任教师的威信，不在学生中议论、评价科任教师的缺点。

金无足赤，人无完人。不仅科任教师，就连班主任自己可能在教学水平，对待优、差生的态度等方面，都存在着令某些学生不满意的地方。班主任要从一分为二的角度出发，对学生加以正确的引导，切不可为了抬高

自己，在学生中有意无意地贬低以至诋毁科任教师。否则，不仅不利于形成教育集体，还容易在学生中造成不尊重教师的不良习气。

班主任要正确对待科任教师在课堂教学中出现的失误。人不可能不犯错误，教师在教学过程中也可能会出现这样或那样的失误。当科任教师在教学中出现失误后，班主任要在班级做正面的解释，增强学生对教师的理解；在同事中不能把科任教师的教学失误加以扩散，更不能以此讽刺、挖苦科任教师。班主任要积极主动地与科任教师共同协商，找到处理课堂教学失误的最佳途径，探讨如何才能避免出现课堂失误。这样，既维护了科任教师的形象，树立了科任教师的威信，也增加了班级教育的合力。

5．与科任教师经常互通情况，邀请其参加班级活动

班主任要想科学合理地教育管理班级，必须掌握班级的所有信息，而科任教师有时会掌握一些班主任所不了解的班级情况。为此，班主任要经常与科任教师进行联系，沟通情况，借助于科任教师，获得一些可贵的"情报"，同时也可以征求科任教师对本班工作的意见和建议，以便进一步改进班级的教育管理工作。

通过和科任教师的交往，还可以将自己的教育管理方法、思路传达给科任教师，以求得科任教师的配合，做到班主任和科任教师步调一致，要求统一，齐抓共管，从而更好地做好班集体的工作。

班主任可以有意识地创造条件，亲自或通过学生邀请各科任教师参加本班的各项集体活动，以利于增进师生间的相互了解，密切师生关系，同时增强科任教师对学生活动的指导作用，提高教学效果，巩固班级中教师集体的教育作用。

第三节　与学校领导形成教育合力

　　班主任与学校领导之间的关系，是上下级的关系，这种关系的融洽与否，将会对班级的教育管理工作带来很大影响。在班级的教育管理工作中，如果能得到学校领导的支持和帮助，将有利于班级各项工作的开展，取得良好的教育管理效果；反之，如果上下级关系不融洽，班主任未能处理好与学校领导的关系，甚至与学校领导产生对立和冲突，势必会降低工作热情，产生抵触情绪，进而影响到工作效率。

　　学校领导是学校各项工作的管理者，也是班主任的直接领导者。班级的各项工作离不开学校管理者的领导和监督，班主任开展工作也需要学校领导的支持和帮助。所以，班主任要使工作达到预期目的，取得良好效果，就必须处理好和学校领导的关系。那么，班主任如何才能与学校领导形成教育合力呢？

1. 班主任要尊重领导，服从领导

　　学校领导是党的教育方针、制度的执行者和传达者，也是学校各项工作制度的主要制定者。班主任既然是学校团体的一员，就有责任，有义务，不折不扣地遵守学校的各项制度、要求，服从学校管理者的领导和监督，要尊重学校领导者的意愿，维护领导的威信，接受领导的指令，以便使学校的各项制度得以贯彻执行，使学校的各项工作计划得以实现。

　　作为班主任，绝不能恃才傲物，蔑视领导，不能独断专行，各行其是，拒绝执行学校领导的命令，更不能借助自己班级学生的力量要挟领导，故意给领导出难题。当然，在执行领导指示时，也应有一定的创造性，避免盲从。

2. 做好本职工作，获得良好评价

要想处理好和领导之间的关系，最基本的是要尽心尽力地做好自己的本职工作，保质保量地完成自己的工作任务，获取学校领导对自己工作的良好评价，以增强领导对自己的满意程度和信任感。

作为领导者，都希望自己的下属具有应付各种工作的才能，具有敬业、乐业的精神。所以班主任作为学校领导的下属，必须热爱自己的职业，关心自己的班级，满腔热忱地去教育、管理班级，使班级的各项工作有一个好的起色，这样才能使领导满意，让领导放心，增加自己在领导心目中的地位，学校领导对于自己的工作也会给予全力的支持和帮助，上下级的关系也才能融洽、和谐。

3. 加强信息沟通，搞好信息交流

班主任在日常活动中，要多向学校领导请示汇报，汇报自己的工作情况，提出自己的建议和看法，尽可能地利用各种方式多与领导接触，增加交往频率，缩短和领导间的心理距离。这样，既便于及时准确地获取领导的指示、评价，提高工作的效率，又可以使领导较快地获得学校工作的反馈信息，增进上下级之间的理解，促进双方的信息沟通。

4. 树立全局观念，照顾整体利益

学校领导要顾及全局，不能面面俱到，而班主任所抓的是具体工作。因此，在工作中难免会与学校领导产生这样或那样的矛盾，甚至冲突，出现班级小集体与学校大集体不相一致的局面。

在这种情况下，班主任一定要心胸宽广，树立全局观念，以整体利益为重。要站在领导的角度考虑问题，设身处地地为领导着想。有时宁可牺牲自己班级的某些利益，也要维护学校这一大集体，绝不能心胸狭窄、斤斤计较，处处事事只为自己班级着想，争名夺利，追求所谓的"事事合理"，而全然不顾其他班级或学校整体的利益。

5. 坚持原则，不逢迎媚上

学校领导是班主任的顶头上司，所掌握的权力对班主任的利益有一定的关系。但班主任也绝不能因此而媚上欺下，对领导阿谀奉承，不能为了自身的利益或某种企图而一味地逢迎讨好领导，毫无原则地迁就领导，而应该光明磊落，不骄不媚。对待领导的正确指示，要坚决贯彻执行；对于领导的错误要敢于提出批评；对于不合理的命令和意见应进行抵制。只是要注意抵制的方式方法，力求做到既帮助领导改正缺点错误，又要维护领导的威信，不能鲁莽、蛮干，意气用事。

6. 了解领导者的领导方式，采取相应的交往措施

学校领导者的领导方式是指学校领导者用来对教职工行使权力和发挥领导影响力的行为表现方式。它体现了领导过程中领导者与被领导之间的关系，体现着领导者的工作作风。在我国，客观上存在着三种类型的学校领导方式。

（1）专制型的领导方式。

专制型的领导方式，也叫集权型领导方式，它的主要特征是学校领导者权力高度集中，突出领导者的地位。凡事躬亲，事无巨细都得领导点头，下属必须无条件地服从与执行领导的决定，重视行政手段的作用，强调奖惩，经常干预下属的工作，不喜欢听反对意见，不愿与有独立见解和创造精神的人相处，喜欢发命令，作指示，对于教职工的缺点错误毫不留情地进行批评教育。

（2）民主型的领导方式。

民主型领导方式的主要特征是学校领导者在工作中广泛依靠广大教职工，积极吸收广大教职工参与学校的管理工作。在进行决策时，注意吸收和听取教职工的建议和意见，尊重下属的职权，放手工作，注意调动下属的工作积极性，信任教职工，满足教职工的合理需求，乐于与教职工接触，上下级的关系较为融洽。

（3）放任型的领导方式。

放任型领导方式的主要特征是学校领导者放弃自己的职责而把大部分权力交给教职工，要求教职工实行自我管理。领导不干涉教职工的活动，完全依靠下属的自觉性，不强调规章制度的约束作用，较少使用惩罚手段来进行管理，下属对自己职责范围内的事可以自作主张，各行其是。学校领导者与教职工保持不即不离的关系，很少主动与教职工接触，对教职工的问题采取不闻不问的态度。

上述三种领导方式，各有所长，也各有所短，比较起来看，民主型的领导方式更为适宜一些。但采用何种领导方式，往往由领导者决定，而非班主任所能控制的。班主任所要做的是根据不同领导方式的特点，采用相应的交往方式，更好地搞好与领导间的关系，以取得良好的交往效果。

对于专制型的领导，班主任要注意维护领导的威信，承认其权威性，无条件地执行领导的正确意见，遇事多请示、多汇报、不可自作主张、各行其是，不可因领导专制而减低责任心、降低工作效率。同时，也要采取易于被领导接受的方式，提出自己的合理化建议，帮助领导搞好工作。对于领导的失误，要尽自己的能力进行挽救与弥补，绝不能看笑话，闹情绪，影响工作。

民主型的领导，和下属的关系较为融洽和谐，班主任和这种类型的领导交往较为容易和随便，易于建立良好的人际关系。但也要注意戒骄戒躁，绝不能恃才傲物，所提的建议或要求必须合情合理，不能胡搅蛮缠，对领导采取强硬态度。

对于放任型的领导，班主任要增强自身的责任心和义务感，提高工作的积极性和自觉性，严格要求自己，主动和领导接近，合理有效地使用领导下放的权力，既不能放任自流，自由散漫，也不能越权办事。要积极发挥自己在工作中的主动性和创造性，具有开拓进取的精神，圆满而有效地做好本职工作；要主动自觉地将自己置于领导者的监督之下，自觉遵守各项规章制度，避免出现无政府主义。

第四节　与学校团队组织形成教育合力

我国中小学普遍设有共青团、少先队组织，他们是班主任搞好班级工作的重要力量。团队组织主要通过开展丰富多彩的活动，对学生进行德、智、体的全面教育培养，有着班主任不可替代的重要作用。

团队组织配合班级管理，能够促进学生在德、智、体、美、劳诸方面全面发展团队组织开展的丰富多彩的活动，对于开阔中小学生的眼界，锻炼他们的身体，发展他们的智力，增强他们的意志，有利于培养他们的能力，促进全面发展，有着重要的作用。很多团队组织的活动是中小学生自己出主意、想办法、自己动手组织的活动，适合学生的愿望和兴趣要求，学生乐于参加，容易接受教育，这对于班级管理是十分有益的。

团队组织配合班级管理，有利于培养中小学生的集体主义精神和主动性、积极性、创造性，培养遵守纪律、团结向上的良好风气。中小学的团队组织都有自己明确的职责和任务，有自己的组织原则和活动计划，他们根据学生的兴趣和爱好，组织各种有趣而又有意义的活动，这种集体的教育力量是不可估量的。每位共青团员和少先队员在团队组织的教育下增强了集体观念，增强了集体荣誉感，锻炼和发挥了自己的创造精神。在团队组织的教育下，学生的组织纪律性得到了进一步增强，互相关心、互相帮助和助人为乐的精神得到发扬光大。

班主任与学校团队组织形成教育合力，主要是做到以下几个方面的工作。

1. 协调好与学校团委和大队委的关系

学校团队组织是在学校党支部的领导下进行工作的，并不直接受学校行政和教师的领导。班主任与团队组织的关系，不是上下级的领导关系，而是协同配合的关系。学校的教育工作是在学校的行政领导和具体安排下进行的，因此，团队工作必须服从学校的教育任务。

班主任既要指导本班的团队干部搞好工作，使团队活动服从于学校教育工作计划，又要尊重班级团队组织工作的独立性，按照学校团委、大队委的工作安排开展活动。

班级的团队干部既是班主任的依靠力量和得力助手，又是在学校团队组织的领导下开展工作的。因此，班主任在指导团、队干部开展工作时，必须取得学校团委、大队委的支持。当班级工作与团队工作产生矛盾时，班主任要顾全大局，积极支持团队工作。

2. 协调好班委会和班级团支部或中队委的关系

班委会成员是班主任工作的得力助手，班主任直接领导和指挥班委会的工作，班主任要处理好班委会和班级团支部的协调工作，使他们团结协作，充分发挥各自的教育作用。

班主任要认真选好班长和团支部书记，一般来说，对班长的人选要着重考察他的管理能力，对团支书的人选要着重考察他的组织能力。另外，还要考虑他们的工作能力、工作作风，能否相互尊重，相互支持。

班主任要了解他们工作中遇到的困难，帮助他们解决各种问题，当他们在工作中产生矛盾时，要及时帮助他们消除矛盾，使他们能团结一致，搞好工作。班主任还要帮助团支部和班委会根据学校教育计划的总要求，结合班级实际情况，制订各自的工作计划，既体现各自的特点，又能保持协作配合。

3. 指导班级团队组织开展工作

班主任有责任指导和帮助班级的团、队组织开展工作。具体有以下几个方面：

（1）帮助团、队组织制订工作计划。班级团队组织工作计划制订的依据是共青团、少先队的工作性质、学校的教育计划和学校团委会、大队委的工作计划，并结合班级工作的实际情况来制订。班主任在帮助班级团队组织制订工作计划时，要注意充分发挥团队干部和广大团员、队员的工作主动性和积极性，要根据广大青少年学生的特点来制订，要有丰富多彩的内容和生动活泼的形式，要有利于培养青少年学生的集体主义精神和个人创造精神。

（2）帮助团队组织实施工作计划。班主任要经常与学校团委、大队委取得联系，了解学校团队工作的主要活动安排，使班级团队组织的活动与学校团队组织的活动步调一致，配合学校中心工作来安排自己的活动，要帮助、指导班级团队组织开展每周一次活动，要做到认真制订方案，详细研究活动的具体步骤，妥善安排活动的具体内容，以求达到最佳效果。班主任要经常参加团队组织的活动，但不能包办代替，要充分发挥班级团队干部工作的积极性、创造性，让他们自己组织、指挥和管理。

（3）帮助团队干部提高思想理论水平和工作能力。由于班级团队干部毕竟只是中、小学生，年龄小、缺乏经验，思想理论水平和工作能力都较低，所以班主任要对他们进行具体的帮助和培养，特别是要有意识地锻炼他们独立工作的能力，放手让他们进行工作，不要过多地干预。在研究班级工作时，要吸收团队干部参加讨论。对团队干部，要从实际出发，要求不应过高过急，要让他们在工作中逐步提高自己的能力和水平，要允许他们犯错误，并及时帮助他们纠正。

（4）协助团队组织搞好群众关系。在初中阶段，班级里的团员人数并不太多，大多数少先队员也因超龄而退队，大部分是一般群众，所以要正确处理好团员、队员和一般群众的关系。他们之间关系的好坏，对搞好班级工作具有十分重要的意义。所以，班主任要做好这方面的工作。教育团员在各方面起好模范带头作用，教育他们关心群众，帮助一般同学解决各种困难，包括学习、生活中的困难，经常与群众开展谈心活动，与他们结成朋友等。班主任同时还要动员群众参加团、队的组织活动，向团组织靠拢，积极地为团、队组织挑选干部和培养积极分子，做好组织发展工作。

第五节　与学生家长形成教育合力

学生的成长发展是学校教育、家庭教育、社会教育相互作用的结果，其中最主要的是学校教育。但学校教育是否有效，还要得到家庭教育和社会教育的配合和支持，尤其是家庭教育对学生的影响作用更为突出。因为家庭是学生的第一所学校，家长是子女的第一任教师，家庭的氛围与养育方式对学生的身心发展起着不可低估的作用。家庭环境如何，直接关系到学生能否健康成长。

教育管理学生的工作，必须要有家庭的密切配合。班主任是学校与家庭联系的桥梁和纽带。争取家长配合学校对学生进行教育管理是班主任工作的一个重要内容。因此，班主任一定要与家长取得密切联系，掌握学生在家里的表现，征求家长对学校工作和班级工作的要求和意见，向家长介绍家庭教育的正确方法和先进经验，提高家长的教育水平，使学生家长掌握并采用合理的教育手段，并和家长一起共同商讨研究教育学生的措施。

要使家长的教育配合学校教育，保持一致性，关键在于班主任与家长的联系，形成学校与家庭的教育统一战线。要建立统一战线，班主任应该注意与家长交往的内容、形式及其艺术。

1. 家访的艺术

对学生和学生家庭的了解，仅通过看学生档案是不够的，因为这些材料是静态的，且不全面、不具体；光凭学生反映也还不够，因为学生看问题的角度不同，有时不一定了解真实情况，有时不便反映，有时反映失真。为了实现学校和家庭教育的有机配合，必须有计划、有步骤地对所有学生家庭进行访问。

家访的作用在于：①可以互通情报，使学校和家长都知道学生在校内校外的表现，从而能够对学生的思想、行为作出正确的估计和判断，以便有的放矢进行教育；②可以使家长明确学校对学生的要求，配合学校做好教育工作；③可以了解学生家庭教育的经验和缺陷，帮助家长扬长避短，改进方法，进一步搞好家庭教育。

总之，家访既有利于学校教育，也有利于家庭教育，是班主任必须做的一项重要工作。然而，搞好家访并不是轻而易举的，必须要讲求艺术性。

（1）家访要普遍化、经常化。所谓普遍化，即是对全班学生的家庭要普遍进行访问。特别是班主任接受一个新班时，要在开学前对全班学生家庭普访一次。目的是了解学生家长职业、对孩子的教育方法、家庭环境、居住条件、对学校有什么要求等。同时，通过家访，认识学生，了解学生的个性、爱好，跟什么人交往，过去学习上有什么困难，对教师、学校有什么要求等。同时还可以向家长和学生说明学校和班上新学年对学生的要求。所谓经常化，就是家访要经常进行，而且形成制度。不要等问题成了堆或学生犯了什么错误才去进行家访，不要使家长产生"无事不登三宝殿"的感觉。

强调家访要普遍化、经常化，不是搞形式主义，硬性规定教师普访次数，把家访当作例行公事。是否家访，次数多少、何时家访，应由班主任相机行事，使家访恰到好处，收到实效。

（2）家访要提前做好心理准备、内容准备、程序准备。家访一定要有明确的目的，不能为家访而家访；家访一定要事先做好准备，不能来也匆匆，去也匆匆，三言两语，敷衍了事，这样的家访不仅不会获得家长对班级工作的支持，相反，有时还会产生副作用，因此，班主任进行家访前一定要做好准备，具体包括心理准备、内容准备和程序准备。

班主任的心理准备如何，直接关系到家访时能否做到随机应变，掌握主动权。如果家访时班主任能根据家长的个性，并投其所好，谈吐投机，使家访在和谐融洽的感情气氛中进行，达到家访的目的，则说明班主任在心理上早有准备。

家访前的内容准备必须具体、单一化。最好是一次家访中集中解决一两个问题，因而也就只需集中精力准备一两个问题的有关内容。准备的内容要有较强的针对性。

家访前的程序准备，就是班主任即将进行家访时，对将要进行家访活动的进程作一个有条理的安排。家访时，与家长先谈什么，后谈什么，重点谈什么，在家访前都必须心中有数。程序准备还要求提前通知学生本人，使学生本人欢迎家访，那种背着学生悄悄到学生家里访问的方法并不会受到学生本人的欢迎，而且会使学生产生抗拒心理，学生家长也不一定乐意接受。

（3）家访要肯定成绩，指出不足。班主任在家访时，既要向学生家长反映其子女的某些不足，又要给他们汇报其子女的明显进步。在与家长交谈中，首先应充分肯定学生的优点，以鼓励学生发扬下去，接下来班主任再指出其子女的某些不足，这种方法会增强家长教育子女的信心，会激发学生力求上进，最终有益于班主任工作的顺利开展。

值得强调的是，即使是班级的后进生，班主任家访时，也要喜忧兼报，不能只报忧不报喜。不论学生怎样后进，在他们身上总有一些积极因素，班主任要于发现和挖掘他们身上的闪光点，给他们的家长汇报。这样，家长会自然体会到老师是在实事求是地评价自己的孩子，没有抹杀孩子的成绩；同时也会使学生本人感受到老师是在真心实意地关心和爱护自己。

（4）家访的过程要班主任、学生和家长共同参与。教育实践证明，班主任的家访活动应是班主任、学生和家长三位一体的一种互相教育活动。坚持班主任、学生、家长三结合比班主任背着学生"私访"效果更好。不论是向家长报喜还是报忧，班主任应当着家长、学生本人的面开诚布公地交谈。通过这种家访方式，可以直接增强教育学生的合力，有利于鞭策学生不断地争取进步。

（5）家访要善于选择时机。家访的工作要收到良好效果，必须善于捕捉有利的教育时机，这与家访的普遍化和经常化并不矛盾。学生取得进步或出现学习成绩滑坡时，学生的某些要求得到满足时，师生感情最融洽的时候，都是家访的好时机。另外，像新学期或新的一年开始时，学生积极向上的心理特征表现得极为明显，这时便是一个不错的家访时机。

2. 召开家长会的艺术

家长会，是广泛联系家长，解决普遍性问题，吸引家长参加学校教育的重要方式。一般由班主任发起并组织，在学期初、学期中、学期末举行，邀请全体家长参加。开学的家长会可介绍班级工作计划，提出对学生的要求和希望；期中的家长会，主要报告开学以来的教育教学情况，学生存在的倾向性问题和下一段工作安排等；期末的家长会，主要报告工作总结，指导家长帮助学生过好假期等。如有重要情况需要家长知道，也可临时安排家长会。

要开好家长会，目的、要求一定要明确，选时要恰当，会议的内容应事先书面通知，要经过充分的准备，并要妥善确定开会时间，力争使绝大多数的家长都能参加。同时，会议的召开要准时，不拖拉。班主任一定要有发言，班主任的发言，要充分体现对家长的尊重和对学生的热爱，以引发家长的共鸣。这样才能取得预期的效果。

家长会的内容必须以解决一些迫切的问题为重心，可以由班主任向家长作本班工作的汇报讲话，可以由学生代表向家长汇报班级情况，也可以请家长介绍教育子女的经验，这种用家长来促进家长的方式效果更好。有条件的地方，也可以请教育专家作有关教育问题的报告。

召开家长会，最好能帮助家长从教育学的观点来理解班上出现的困难和问题，帮助家长分析自己教育子女的经验和问题。召开家长会的关键，在于班主任必须当着全体家长的面对班级提出一个切实可行的奋斗目标，并希望得到家长的大力支持。

作为班主任，要善于创造性地工作，注意发挥家长会的职能作用，家长会的第一个职能就是沟通，即沟通家长与教师的联系。沟通职能要求家长和教师通过家长会全面地介绍学生的优、缺点，实事求是地反映他们在学校和家庭的行为表现；要求教师和家长交流各自的教育计划、方法和经验，增进相互间的理解和信任，为合作教育创造条件。在沟通过程中，一定要始终坚持热忱、坦率的原则，互相交流信息，互相借鉴方法，使双方感情发生共鸣。

家长会的第二个职能是教育职能。这就要求班主任用教育学、心理学的知识对家长施加影响，在家长中普及教育科学知识，使家长教育学生的方法科学化。

家长会的第三个职能是研究职能。它要求家长和教师围绕教育目标和学生的特点共同研究教育方法、管理方法，研究的形式可根据班级实际情况而定，可以集体研究，也可个别研究，共同研究是为了增强家长在教育学生中的主动性和创造性的发挥。

3．利用家长学校与家长沟通的艺术

家长学校是近年在我国产生的新事物。它的目的与任务是帮助家长掌握和了解教育理论，提高教育水平，保持学校教育与家庭教育的和谐一致。

由于历史原因，我国的家长普遍没有接受过教育学、心理学知识，班主任可以利用家长学校，为家长举办各种教育讲座，帮助家长了解孩子的生理、心理特点，掌握正确的教育方式，协调和促进学校与社会、学校与家庭的联系，达到全面培养人才的目的。

班主任要充分利用家长学校这块阵地，协同学校领导和教师把家庭教育的有关理论和方法传递给家长，以便家长自觉地、科学地培养教育好自己的孩子。开办家长学校的目的与任务是帮助家长掌握和了解教育理论，提高教育水平，保持学校教育与家庭教育的和谐一致。

4．与家长书信联系的艺术

班主任与家长的联系和沟通，也可以采取书信的方式。班主任可以通过书信，把学生的表现和学校的要求及个人的想法告诉家长，并要求家长反馈学生在家庭中的情况，征求家长对学校工作的意见，请求家长协助学校进行教育工作。对于个别学生，因有些问题面谈反而效果不佳，也可以采用这种方式。

由于书面联系有充分的思考余地，有些不便当面表达的情感，可以在

纸上充分流露，往往一封满怀深情、诚挚感人的书信便可对家长产生强有力的影响。

采用书面联系这种方式，班主任应该注意所谈的内容要具体、单一，不可太复杂或笼统。可针对学生情况书写简明扼要的意见、建议和要求，并请家长附注意见。可能引起家长反感的内容，可能导致家长对孩子发火的内容，可能对孩子教育产生负面影响的内容，比较复杂的内容，不要写进书信中去。另外，班主任要根据学生家长的文化层次的不同，运用不同形式的语言表达，并且要说明家长是否需要回复。

5. 利用网络与家长沟通的艺术

随着网络的普及，班主任可以通过 QQ、博客或以网络家长会的形式与家长较为便捷地进行交流沟通。可以让学生提前通知家长，告知班主任的 QQ 号码、博客地址或召开网络家长会的时间、内容，教家长如何登陆网站、进入主页和论坛，同时在网上发出通知。

传统的家长会上，班主任往往只能把班中共性的问题说一下，许多个性问题没有时间，也不可能在会上说；家长也主要是听教师讲，他们内心真正的想法，因为种种原因无法和教师畅快地沟通。QQ、博客和网络家长会的形式，可以避免传统的家长会过程的匆忙，班主任和家长也可以就学生的个别问题畅所欲言，全面沟通。

第六节　与社会教育力量
形成教育合力

社会教育是指除学校、家庭之外的全部教育内容，包括社会宣传文化教育机构和社会团体、社会组织对社会成员，特别是青少年，进行的各种形式的教育，以及社会大环境对学生的影响。社会教育的作用主要体现在以下几个方面。

1. 良好的社会教育有利于对学生进行思想品德教育

社会实践是人们思想品德形成和发展的源泉，它推动人的思想品德的进步，也是检验人的思想品德的唯一标准。良好的社会教育有利于对学生进行思想品德教育，这主要体现在可以促使学生建立坚定正确的政治方向，强化学生的思想观点和优秀的道德品质。

2. 良好的社会教育能使学生增长知识、发展能力

社会是一个大学校，它的五彩缤纷和深邃奥妙，使青少年学生认识和了解到比在教室内传授的知识更丰富、更精彩、变化更迅速的世界，在社会实践中获得的感性认识为学生学习书本认识提供了基础。这不但使学生开阔了视野，还进一步从各方面发展了他们的能力。

3. 良好的社会教育有利于丰富学生的精神生活

青少年学生活泼好动、精力充沛、兴趣广泛。随着年龄的增长，他们对精神生活的需求越来越迫切，能否满足学生的这些需要，关系到他们能否健康成长。而社会教育空间广泛，是丰富学生精神生活取之不尽的源泉，通过社会教育，可使学生精神面貌发生重大变化。

4. 良好的社会教育有利于发展学生的兴趣、爱好和特长

青少年都有自己的兴趣和爱好，这些爱好若能及早得到培养，就能形成特长，表现出某一方面的才能。这无疑会加速学生的发展，并为将来尽快适应现代化的社会生活奠定良好的基础。而学校教育基本上是"同步化"的教育，很难适应同一班级中不同兴趣爱好和发展水平的学生的个别需要，社会教育可以弥补这些方面的不足。它能使班主任根据学生的爱好，有意识地引导他们参加校外教育机构的专门活动，并在班级的社会实践活动中，有针对性地为他们提供学习、实践和创造的机会和场所，使他们在自己爱好的活动中施展才华、发展特长、增长聪明才智，进而独立运用自己的知识和智慧去发现问题、分析问题、解决问题。

随着社会的进步，我国的社会教育在学生成长中的影响越来越大，社会教育力量是班主任必须依靠的坚强后盾。整合社会教育力量是班主任职责的重要方面，班主任要充分利用社会教育力量，积极发挥它们的教育作用。要做到这一点，班主任首先要搞清楚社会教育的特点。一般地说，社会教育力量具有如下的特点。

1. 全程性与广泛性

学校教育在一定的时间和空间内展开，因而是狭小的和有限的。而社会教育在时间上覆盖了个体生命的全部历程，体现了社会教育的全程性。与社会教育时间上的全程性直接相关的，是它空间上的广泛性。可以说，凡有人群的地方就有社会教育。随着现代社会的发展，社会教育的空间更是不断扩展。

2. 多样性与开放性

社会教育空间和社会生活内容的广泛性，使社会教育的内容和方式具有多样性。社会教育机构、社会团体、社会文化宣传机关，各自担负着不同的任务，社会意识也纷繁复杂。因而它们对社会成员施加影响时，就会

有着不同的内容和适合各自特点的利于表达的方式。同时，由于社会教育的对象具有全民性，不同年龄阶段、不同职业、不同文化程度和不同兴趣爱好的人，对社会教育有不同的需求。正规的社会教育为满足各方面的需要，教育内容就必须丰富多彩，教育方式也必须灵活多样。

社会教育的形式还具有开放性。社会教育是一个开放系统，它与社会的政治、经济、文化、科学、生活等有着千丝万缕的联系。这种联系不仅仅反映为教育内容的相互渗透，也反映为教育形式的彼此开放。诸如儿童图书馆、少先队自然科学站、少年业余体校和艺校、青少年计算机活动中心、报刊、电影、电视和社会文化等，这些社会教育机构都向全体青少年开放，对他们进行不同侧面的社会教育，体现着社会教育的开放性。

3.　实践性与复杂性

社会教育是伴随着社会发展的节奏而开展的。它能使学生置身于沸腾的社会生活和复杂的人际关系之中，接触大量的社会实际问题，从中分析问题、分辨是非、接受锻炼、增长才干，具有很强的实践性。同时，学生参加的多种社会活动，大多是他们自己创造条件、自己动手进行的实际活动，要靠自己的亲身实践去获取感性认识，培养实践能力。

复杂的社会环境导致了社会教育作用的复杂性。社会环境的影响是自发的、偶然的、零碎的、杂乱而无系统的，其中既有真善美的精华，也有假恶丑的糟粕。同时，社会教育机构繁多，教育内容和形式多样，还有社会教育工作者自身的素质也不同。这样积极因素和消极因素交织在一起，使社会教育既有正面效应，也有负面效应，这就构成了社会教育的复杂性。

那么，班主任与社会形成教育合力，可以采取哪些措施呢？

（1）主动加强与社会各有关力量的联系，争取他们的积极配合，共同做好学生工作。

班主任可以通过学校的力量，与当地的宣传、文化、教育管理部门，与街道办事处、村民委员会、派出所，与当地工会、共青团、妇联等群众团体，加强联系，经常与他们交流学生的思想状况和学习、生活情况，共同研讨如何开展各项活动，促进学生的成长。

班主任还可以与少年宫、文化宫、图书馆、展览馆、影剧院、新华书店等文化教育机构及 SOS 儿童村、孤儿院、老年公寓等慈善机构建立固定联系，开展有意义的活动，提高校外教育效果。

班主任还可以请老工人、老农民、退休老干部、解放军战士、交通警察、疾控中心工作人员等各条战线的先进人物担任班级的校外辅导员，加强学生的校外教育。

（2）组织学生进行社会实践与社会调查活动。

班主任可以组织开展寻英访烈活动，参观革命文物，参观改革开放搞得好的企业单位，还可以组织学生进行力所能及的社会服务、公益劳动，让学生在社会实践中得到锻炼和提高。对社会实践活动，一定要认真组织、注意效果，防止表面上轰轰烈烈，实际上并无成效的形式主义。

要根据实际情况，灵活安排，可采取集中与分散相结合的方法，适当组织一些班级集体活动。另外，让学生利用假期自己安排活动。每次实践活动结束，要进行认真的总结、汇报、考评，使学生通过实践活动真正有所收获。

（3）帮助学生在社会大环境中明辨是非，抑制社会消极因素对学生的影响。

在当前经济不断发展的大好形势下，我们也要看到，社会上一些消极腐败的东西也会时时侵蚀着中小学生。各种读物、录像和网络视频中的不健康内容，经常会吸引学生，使他们学习精力不集中，甚至思想堕落，走上违法犯罪的道路。为此，班主任要与学校领导一起，取得当地公安部门的支持与配合，整治好学校的周边环境，不允许在学校周围搞营业性的舞厅、录像厅、电子游戏厅和网吧，不允许社会上的闲杂人员，特别是一些流氓、地痞、黑势力团伙侵入学校和班级，破坏学校的治安和安定。

班主任要教育学生不要进入舞厅、录像厅、电子游戏厅、网吧等场

所，不要看低级庸俗的读物，要引导学生读好书，开展书评活动。对于犯
了这样那样错误的学生，更要热情关怀，找出他们犯错误的原因，教育他
们自觉抵制各种腐朽堕落的思想意识的影响，在社会大环境中分清是非，
提高认识。

中小学班主任工作规定

中华人民共和国教育部
二〇〇九年八月十二日

第一章 总 则

第一条 为进一步推进未成年人思想道德建设，加强中小学班主任工作，充分发挥班主任在教育学生中的重要作用，制定本规定。

第二条 班主任是中小学日常思想道德教育和学生管理工作的主要实施者，是中小学生健康成长的引领者，班主任要努力成为中小学生的人生导师。

班主任是中小学的重要岗位，从事班主任工作是中小学教师的重要职责。教师担任班主任期间应将班主任工作作为主业。

第三条 加强班主任队伍建设是坚持育人为本、德育为先的重要体现。政府有关部门和学校应为班主任开展工作创造有利条件，保障其享有的待遇与权利。

第二章 配备与选聘

第四条 中小学每个班级应当配备一名班主任。

第五条 班主任由学校从班级任课教师中选聘。聘期由学校确定，担任一个班级的班主任时间一般应连续1学年以上。

第六条 教师初次担任班主任应接受岗前培训，符合选聘条件后学校方可聘用。

第七条 选聘班主任应当在教师任职条件的基础上突出考查以下条件：

（一）作风正派，心理健康，为人师表；

（二）热爱学生，善于与学生、学生家长及其他任课教师沟通；

（三）爱岗敬业，具有较强的教育引导和组织管理能力。

第三章　职责与任务

第八条　全面了解班级内每一个学生，深入分析学生思想、心理、学习、生活状况。关心爱护全体学生，平等对待每一个学生，尊重学生人格。采取多种方式与学生沟通，有针对性地进行思想道德教育，促进学生德智体美全面发展。

第九条　认真做好班级的日常管理工作，维护班级良好秩序，培养学生的规则意识、责任意识和集体荣誉感，营造民主和谐、团结互助、健康向上的集体氛围。指导班委会和团队工作。

第十条　组织、指导开展班会、团队会（日）、文体娱乐、社会实践、春（秋）游等形式多样的班级活动，注重调动学生的积极性和主动性，并做好安全防护工作。

第十一条　组织做好学生的综合素质评价工作，指导学生认真记载成长记录，实事求是地评定学生操行，向学校提出奖惩建议。

第十二条　经常与任课教师和其他教职员工沟通，主动与学生家长、学生所在社区联系，努力形成教育合力。

第四章　待遇与权利

第十三条　学校在教育管理工作中应充分发挥班主任的骨干作用，注重听取班主任意见。

第十四条　班主任工作量按当地教师标准课时工作量的一半计入教师基本工作量。各地要合理安排班主任的课时工作量，确保班主任做好班级管理工作。

第十五条　班主任津贴纳入绩效工资管理。在绩效工资分配中要向班主任倾斜。对于班主任承担超课时工作量的，以超课时补贴发放班主任津贴。

第十六条　班主任在日常教育教学管理中，有采取适当方式对学生进行批评教育的权利。

第五章　培养与培训

第十七条　教育行政部门和学校应制订班主任培养培训规划，有组织地开展班主任岗位培训。

第十八条　教师教育机构应承担班主任培训任务，教育硕士专业学位教育中应设立中小学班主任工作培养方向。

第六章　考核与奖惩

第十九条　教育行政部门建立科学的班主任工作评价体系和奖惩制度。对长期从事班主任工作或在班主任岗位上做出突出贡献的教师定期予以表彰奖励。选拔学校管理干部应优先考虑长期从事班主任工作的优秀班主任。

第二十条　学校建立班主任工作档案，定期组织对班主任的考核工作。考核结果作为教师聘任、奖励和职务晋升的重要依据。对不能履行班主任职责的，应调离班主任岗位。

第七章　附　　则

第二十一条　各地可根据本规定，结合当地实际情况，制定中小学班主任工作的具体实施办法。

第二十二条　本规定自发布之日起施行。

小学生日常行为规范（修订）

中华人民共和国教育部
二〇〇四年三月二十五日

1. 尊敬国旗、国徽，会唱国歌，升降国旗、奏唱国歌时肃立、脱帽、行注目礼，少先队员行队礼。

2. 尊敬父母，关心父母身体健康，主动为家庭做力所能及的事。听从父母和长辈的教导，外出或回到家要主动打招呼。

3. 尊敬老师，见面行礼，主动问好，接受老师的教导，与老师交流。

4. 尊老爱幼，平等待人。同学之间友好相处，互相关心，互相帮助。不欺负弱小，不讥笑、戏弄他人。尊重残疾人。尊重他人的民族习惯。

5. 待人有礼貌，说话文明，讲普通话，会用礼貌用语。不骂人，不打架。到他人房间先敲门，经允许再进入，不随意翻动别人的物品，不打扰别人的工作、学习和休息。

6. 诚实守信，不说谎话，知错就改，不随意拿别人的东西，借东西及时归还，答应别人的事努力做到，做不到时表示歉意。考试不作弊。

7. 虚心学习别人的长处和优点，不嫉妒别人。遇到挫折和失败不灰心，不气馁，遇到困难努力克服。

8. 爱惜粮食和学习、生活用品。节约水电，不比吃穿，不乱花钱。

9. 衣着整洁，经常洗澡，勤剪指甲，勤洗头，早晚刷牙，饭前便后要洗手。自己能做的事自己做，衣物用品摆放整齐，学会收拾房间、洗衣服、洗餐具等家务劳动。

10. 按时上学，不迟到，不早退，不逃学，有病有事要请假，放学后按时回家。参加活动守时，不能参加事先请假。

11. 课前准备好学习用品，上课专心听讲，积极思考，大胆提问，回答问题声音清楚，不随意打断他人发言。课间活动有秩序。

12. 课前预习，课后认真复习，按时完成作业，书写工整，卷面整洁。

13. 坚持锻炼身体，认真做广播体操和眼保健操，坐、立、行、读书、写字姿势正确。积极参加有益的文体活动。

14. 认真做值日，保持教室、校园整洁。保护环境，爱护花草树木、庄稼和有益动物，不随地吐痰，不乱扔果皮纸屑等废弃物。

15. 爱护公物，不在课桌椅、建筑物和文物古迹上涂抹刻画。损坏公物要赔偿。拾到东西归还失主或交公。

16. 积极参加集体活动，认真完成集体交给的任务，少先队员服从队的决议，不做有损集体荣誉的事，集体成员之间相互尊重，学会合作。积极参加学校组织的各种劳动和社会实践活动，多观察，勤动手。

17. 遵守交通法规，过马路走人行横道，不乱穿马路，不在公路、铁路、码头玩耍和追逐打闹。

18. 遵守公共秩序，在公共场所守不拥挤，不喧哗，礼让他人。乘公共车、船等主动购票，主动给老幼病残孕让座。不做法律禁止的事。

19. 珍爱生命，注意安全，防火、防溺水、防触电、防盗、防中毒，不做有危险的游戏。

20. 阅读、观看健康有益的图书、报刊、音像和网上信息，收听、收看内容健康的广播电视节目。不吸烟、不喝酒、不赌博，远离毒品，不参加封建迷信活动，不进入网吧等未成年人不宜入内的场所。敢于斗争，遇到坏人坏事主动报告。